سِلسِلةُ المعارِفِ التعليميّة

التربيّة الإسلاميّة للطفل

دار المعارف الإسلامية الثقافية

الكتاب: **التربيّة الإسلاميّة للطفل**

إعداد: مركز المعارف للتأليف والتحقيق

إصدار: **دار المعارف الإسلامية الثقافية**

تصميم وطباعة: DB UK 00961 3 336218

الطبعة الأولى - 2017م

ISBN 978-614-467-021-7

books@almaaref.org.lb
00961 01 467 547
00961 76 960 347

سِلسِلةُ المعارِفِ التعليميّة

التربيّة الإسلاميّة للطفل

دار المعارف الإسلامية الثقافية

بسم الله الرحمن الرحيم

الفهرس

المقدّمة

الحمد لله ربّ العالمين، وصلّى الله على سيّدنا محمّد ﷺ وآله الطاهرين، وبعد...

لقد حاول علماء التربية قديماً وحديثاً أن يهتدوا إلى منهجٍ تربويّ شامل يُعنى بتحديد الأساليب والقيم والمعايير الكفيلة بدراسة ما يناسب مراحل الطفولة المختلفة. وقد بذلوا في هذا الصدد جهوداً كبيرة وشاقّة ومتواصلة حتّى استطاعوا التوصّل إلى مبانٍ ومقترحات وتوصيات تُعدُّ - من وجهة علمية - قيّمة ونافعة، إلاّ أنهم لم يتمكّنوا - مع ذلك- من تحديد المنهج الدقيق الذي يمكن الاستناد إليه في معالجة المشاكل المعقّدة، التي تكتنف تلك المرحلة الحسّاسة من عمر الإنسان، كما أخفقوا في حلِّ الصعوبات المتزايدة يوماً بعد آخر، التي تواجه المؤسّسات التربوية والآباء والأمهات والمربّين في هذا المجال.

ولعلّ من المؤسف حقاً أنّ تتوجّه أنظار كثير من المسلمين، وخاصةً العاملين منهم في حقل التربية، إلى مدارس الغرب التربوية ليتلّقوا عنهم مناهجهم التربوية، وأن يفوتهم أنّ في الشريعة الإسلامية المنهج التربويّ المتكامل الذي يعالج ويقدّم المباني والأساليب الناجعة لجميع ما استُعصي عليهم حلُّه، وأنَّ في سيرة الرسول الأعظم ﷺ وفي سيرة أهل بيته الطاهرين عليهم السلام معيناً لا ينضب من الوصايا والإرشادات، والتعاليم والتوجيهات التي لو استخدمت في الحقل التربويّ، ووظّفت في مجالاته المتعدّدة، لكانت كفيلة بترسيخ أروع القيم والمثل العليا في نفس الطفل.

إنَّ المنهج الإسلاميّ الذي يمكن تحديد معالمه وقواعده بالاستناد إلى القرآن الكريم والسُنّة النبوية المطهّرة، وما أُثر عن الأئمة المعصومين عليهم السلام يهدف إلى تحقيق تربيةٍ متّزنة للطفل تبدأ من قبل أن ينعقد جنيناً في رحم الأمّ، وتستمرّ معه إلى أن يشبَّ عن الطوق، مروراً بمراحل الحمل، والولادة والرضاعة، والطفولة المبكرة.

وهذا الكتاب – تربية الطفل في الإسلام – يُعنى بتربية الطفل وكيفية إعداده نفسياً

وعقلياً وسلوكياً، بشكل موجز ومبسّط، مستنداً ـ في ذلك ـ إلى آيات القرآن الكريم، وإلى المأثور عن الرسول الأعظم نبيّنا محمّد صلى الله عليه وآله وسلم، وعن أهل البيت الطاهرين عليهم السلام، مستفيداً أيضاً من الدراسات العلمية الحديثة في هذا الإطار. علماً بأنّنا قد فصّلنا هذه المباني التربوية الخاصة بتربية الطفل في دراسة علمية مركّزة، في كتاب من جلدين تحت عنوان: «**المنهج الجديد في تربية الطفل**»، ويسرّ مركزنا أن يقدّم هذه الدراسة الممتعة والنافعة إسهاماً منه في خدمة المؤسّسات التربوية والآباء والأمّهات والمشتغلين في أُمور تربية الطفل. فكلّ أب أو أمّ يرغب بشدّة في أن يفتخر بأولاده ويشعر بأنّهم على قدر آماله وأحلامه، وكلّ أب وأم يُحبّ أن يرى أنوار الصلاح والفلاح والنجاح تشعّ في حياة أولاده، لأنّ ذلك من محقّقات سعادة الإنسان. عن رسول الله صلى الله عليه وآله وسلم، قال: «**من سعادة الرجل الولد الصالح**»[1]. وقد ركّزت الروايات كثيراً على هذا المصطلح: «**الولد الصالح**»، منها ما ورد عن أبي عبد الله عليه السلام، قال: قال رسول الله صلى الله عليه وآله وسلم: «**إنّ الولد الصالح ريحانة**[2] **من الله قسّمها بين عباده**»[3].

كما أنّ الإنسان يغتمّ ويحزن ويتألّم إذا لم يكن الولد صالحاً بل كان ولداً سيّئاً، وقد عبّرت عنه الروايات بـ «**ولد السّوء**»، فكما أنّ الولد الصالح زينٌ لأهله يكون ولد السوء شيناً لأهله يُعيّرون به ويُلامون من قِبَل الناس في المجتمع على سلوكه وأخلاقه وتصرّفاته. ورد عن أمير المؤمنين عليه السلام، قال: «**ولد السوء يهدم الشرف، ويشين السلف**»[4].

ختاماً نسأل الله أن يوفّق الجميع في الاستفادة من هذا الكتاب وغيره من كتبنا في مجال التربية الأسرية الإسلامية.

والحمد لله رب العالمين

مركز المعارف للتأليف والتحقيق

---

(1) الكليني، الشيخ محمد بن يعقوب، الكافي، تعليق علي أكبر الغفاري، طهران، دار الكتب الإسلامية، 1365هـ.ش، ط4، ج6، ص3.

(2) ريحانة: الريحان نوع من النبات طيب الريح.

(3) الشيخ الكليني، الكافي، ج6، ص2.

(4) النوري، الميرزا حسين، مستدرك الوسائل، مؤسسة آل البيت عليهم السلام لإحياء التراث، قم، 1409هـ ط1، ج15، ص215، ح18039.

الدرس الأول

التربية الإسلامية وأهدافها

أهداف الدرس

على المتعلّم مع نهاية هذا الدرس أن:

1 . يتعرّف إلى المعنى اللغويّ والاصطلاحيّ للتربية.

2 . يميّز بين التربية والتعليم.

3 . يتعرّف إلى الهدف من تربية الطفل في الإسلام.

تمهيد

إنّ العملية التربوية هي أشرف مسؤولية تلقى على عاتق الإنسان. كيف لا وهي مهمّة أولاَها الله تعالى الأنبياء والأولياء عليهم السلام. والتربية لها دورها الأساس في حياة الأمم. وقد تعدّدت الآراء حول مفهوم التربية وتنوّعت حول أهدافها، فما هو معنى التربية؟ وما هي أهدافها ؟

معنى التربية

توجد تعاريف عدّة في اللغة العربية لمفردة «التربية»، ونذكر منها الرأي الذي تبنّاه العديد من فقهاء أهل اللغة: يقول ابن سيده في معنى الربّ: «أصله في الاشتقاق من التَّرْبية، وهي التَّنْشِئة،... وقيل للمالك رَبّ لأنّه يملك تَنْشِئةَ المَرْبُوب... ومنه ربّان السفينة لأنّه ينشِئُ تدبيرها ويقوم عليها...»[1].

واعتبر بعض فقهاء اللغة أنّ أصل مفردة ربّ هي: إصلاح الشيء والقيام عليه[2]..

- وقد عرّفها بعض التربويين الإسلاميين بأنّها : «.. تنشئة إنسان شيئاً فشيئاً في جميع جوانبه، ابتغاء سعادة الدّارَين، وفق المنهج الإسلاميّ»[3].

---

(1) ابن سيده، أبو الحسن علي بن إسماعيل النحوي اللغوي الأندلسي، المخصص، تحقيق لجنة إحياء التراث العربي، بيروت - لبنان، دار إحياء التراث العربي، لا.ت، لا.ط، ج5 ق2، ص154-155.

(2) ابن زكريا، أحمد بن فارس، معجم مقاييس اللغة، تحقيق عبد السلام محمد هارون، قم، مكتب الإعلام الإسلامي، 1404هـ، لا.ط، ج2، ص482-484.

(3) الحازمي، خالد بن حامد، أصول التربية الإسلامية، المدينة المنورة، دار عالم الكتب، 1420هـ - 2000م، ط1، ص19.

- ويمكن لنا تعريف التربية بأنّها قيام وليّ الطفل أو المأذون له من قِبَله، قولاً وعملاً، بصناعة[1] هوية الطفل (شخصيّته)... في جميع جوانبها (البدنية، القلبية، والعقلية)، وبمختلف الأبعاد الحياتية (الاجتماعية، الاقتصادية، السياسية، و...)، بهدف إيصاله إلى كماله... بشكل تدريجيّ، وبنحو مستدام، من خلال اعتماد مجموعة من الأصول والأساليب والتقنيات، المستخرجة من المصادر الإسلامية أو المنسجمة معها.
- أمّا التربية في اصطلاح بعض علماء وفلاسفة الغرب فهي: «.. كلّ ما نفعله نحن من أجل أنفسنا وكلّ ما يفعله الآخرون من أجلنا حين تكون الغاية تقريب أنفسنا من كمال طبيعتنا»[2].

وتُستعمل مفردة التربية في العلوم المعاصرة بأحد معنيين:

- **الأول:** التربية بالمعنى الأعمّ: وتشمل تربية الإنسان في مختلف جوانب شخصيّته وأبعاد حياته، و«تتضمّن كلّ عملية تُساعد على تشكيل عقل الفرد وخُلُقه وجسمه».
- **الثاني:** التربية بالمعنى الخاصّ: و«تعني غرس المعلومات والمهارات المعرفية من خلال مؤسّسات معيّنة أُنشئت لهذا الغرض»[3].

مرادفات التربية في القرآن الكريم والنصوص الدينية

يُعتبر القرآن الكريم وسنّة المعصومين عليهم السلام المصدرين الأساسَيْن اللذين يستمد منهما المنهاج التربويّ الأفضل في العملية التربوية. وهناك مرادفات وردت في النصوص القرآنية والروائية لها علاقة بالعملية التربوية، ونذكرها بايجاز:

1. **التزكية:** ﴿لَقَدْ مَنَّ ٱللَّهُ عَلَى ٱلْمُؤْمِنِينَ إِذْ بَعَثَ فِيهِمْ رَسُولًا مِّنْ أَنفُسِهِمْ يَتْلُوا۟ عَلَيْهِمْ ءَايَٰتِهِۦ وَيُزَكِّيهِمْ وَيُعَلِّمُهُمُ ٱلْكِتَٰبَ وَٱلْحِكْمَةَ﴾[4].

---

(1) مفردة «صناعة» مستعارة من قوله تعالى: (وَلِتُصْنَعَ عَلَىٰ عَيْنِي) سورة طه، الآية 39.

(2) يراجع: الرشدان، عبد الله، علم اجتماع التربية، عمان، دار الشروق، 2008م، لا.ط، ص25.

(3) مرسي، محمد منير، أصول التربية، القاهرة، عالم الكتب، 2009م، لا.ط، ص8.

(4) سورة آل عمران، الآية 164.

والتزكية: أن يفعل الإنسان كلّ ما يُصبح به هو أو غيره زكياً طاهراً صالحاً[1].

2. **التطهير:** كقوله تعالى: ﴿خُذْ مِنْ أَمْوَالِهِمْ صَدَقَةً تُطَهِّرُهُمْ وَتُزَكِّيهِم بِهَا﴾[2].

والطهارة في اللغة: بمعنى النقاء وزوال الدنس[3].

3. **الهداية:** قوله عزّ وجل: ﴿وَإِنَّكَ لَتَهْدِي إِلَىٰ صِرَاطٍ مُّسْتَقِيمٍ﴾[4].

وعن النبيّ ﷺ: «واللهِ لأن يُهدَى بهداك رجلٌ واحد خير لك من حمر النعم»[5].

والهداية في اللغة: بمعنى الإرشاد، والدلالة على طريق الرشد، والإيصال إلى المطلوب[6].

4. **التهذيب:** عن الإمام عليّ عليه السلام: «الاشتغال بتهذيب النفس أصلح»[7].

5. **التأديب:** عن الإمام عليّ عليه السلام: «سبب تزكية الأخلاق حسن الأدب»[8].

التربية والتعليم

هناك فرق بين العملية التربوية من جهة، والتعليم من جهة ثانية، فالتعليم يمثّل جزءاً من التربية، وهو مقدّمة لها، بينما التربية في نطاقها الأوسع تشمل التعليم وغيره...

1. **التعليم في اللغة العربية** على وزن تفعيل من العلم، والعلم إدراك الشيء بحقيقته[9].

---

(1) الطوسي، الشيخ محمد بن الحسن، التبيان في تفسير القرآن، تحقيق وتصحيح أحمد حبيب قصير، قم، مكتب الإعلام الإسلامي، 1409هـ، ط1، ج1، ص467. والطبرسي، الشيخ الفضل بن الحسن، مجمع البيان في تفسير القرآن، طهران، انتشارات ناصر خسرو، دار المعرفة، 1406هـ - 1986م، ط1، ج10، ص6.

(2) سورة التوبة، الآية 103.

(3) ابن زكريا، معجم مقاييس اللغة، ج3، ص428.

(4) سورة الشورى، الآية 52.

(5) السيوطي، عبد الرحمن بن أبي بكر، الجامع الصغير في أحاديث البشير النذير، دار الفكر، بيروت، 1401هـ - 1981م، ط1، ج2، ص714، ح9606.

(6) العسكري، أبو هلال، معجم الفروق اللغوية، تنظيم الشيخ بيت الله بيات، قم، مؤسسة النشر الإسلامي التابعة لجماعة المدرسين بقم المقدسة، 1412هـ، ط1، ص42. والراغب الأصفهاني، الحسين بن محمد، مفردات ألفاظ القرآن، بيروت، الأميرة للطباعة والنشر، 1431هـ - 2010م، ط1، ص705.

(7) الواسطي، علي بن محمد، عيون الحكم والمواعظ، تحقيق حسين الحسيني البيرجندي، لا.م، دار الحديث، لا.ت، ط1، ص47.

(8) الواسطي، عيون الحكم والمواعظ، ص281.

(9) الراغب الأصفهاني، مفردات ألفاظ القرآن، ص475.

ومعنى التعليم: إعطاء العلم وإكسابه للآخرين، بحيث يتمّ رفع الجهل عن أنفسهم، وهو عملية موجّهة إلى العقل والجانب الذهنيّ عند الإنسان.

2. **أمّا التربية:** فهي عملية تنمية متكاملة لكافّة قوى وملكات الإنسان، وتهدف إلى إحداث تغيير في سلوكه نحو الأكمل.

لذا من الأخطاء الشائعة عند بعض الناس فهم أنّ العملية التربوية هي نفسها التعليم، فالتعليم هو مقدّمة من مقدّمات العملية التربوية، وهو، وإن كان له دور رئيس وحيويّ في بناء شخصية الطفل، إلا أنّ هذا لا يعني أنّ كلّ عملية تربوية مسبوقة بالتعليم، فتغذية الطفل ورعايته على سبيل المثال هي بحدّ ذاتها تربية.. إلاّ أنّها لا تتضمّن أيّ موقف تعليميّ.

وكذلك المدرسة التي يقضي فيها الطفل ردحاً وفيراً من الزمن، إلّا أنّها تبقى عنصراً من مجموعة العناصر المؤثّرة في العملية التربوية، وجزءاً منها.

والتربية الإسلامية تشمل التعليم والتزكية معاً ويستفاد ذلك من الشريعة السمحاء كقوله تعالى مخاطباً المربّي الأكمل:

﴿كَمَآ أَرۡسَلۡنَا فِيكُمۡ رَسُولٗا مِّنكُمۡ يَتۡلُواْ عَلَيۡكُمۡ ءَايَٰتِنَا وَيُزَكِّيكُمۡ وَيُعَلِّمُكُمُ ٱلۡكِتَٰبَ وَٱلۡحِكۡمَةَ وَيُعَلِّمُكُم مَّا لَمۡ تَكُونُواْ تَعۡلَمُونَ﴾[1].

التربية والتنشئة الاجتماعية

وقع الخلط من قِبَل بعض الباحثين التربويّين بين مصطلحي التربية والتنشئة الاجتماعية، لذا من الضروريّ بيان الفرق بينهما.

فمثلاً عرّف بعضهم التربية، بالنظر إلى البعد الاجتماعيّ، بأنّها: «العملية المقصودة أو غير المقصودة التي يصطنعها المجتمع لتنشئة الأجيال الجديدة فيه، بما يجعلهم على وعي بوظائفهم في المجتمع، وبدور كلٍّ منهم فيه»[2].

(1) سورة البقرة، الآية 151.

(2) فهمي، محمد سيف الدين، محاضرات في أصول التربية، القاهرة، كلية التربية جامعة الأزهر، 1978م، لا.ط، ص17.

وهذا المعنى أقرب إلى التنشئة الاجتماعية منه إلى التربية، لأنّ التنشئة عبارة عن جعل الطفل قادراً على التكيّف مع البيئة الاجتماعية التي يعيش فيها من حيث العادات والتقاليد والسلوكات والاتّجاهات والقيم وغيرها.

وإذا قارنّا بين التربية والتنشئة تكون التنشئة جزءاً من العملية التربوية الهادفة إلى تكامل الطفل في مختلف جوانب شخصيته، لا الجانب الاجتماعيّ فقط.

كما أنّ التنشئة الاجتماعية هي انعكاس لثقافة المجتمع، بينما العملية التربوية تهدف إلى جعل الطفل ملتزماً بالمنظومة الإيمانية القيمية للدين الإسلاميّ، وهي قد تتعارض مع الثقافة السائدة في المجتمع الذي يعيش الطفل فيه.

التربية وعلم الأخلاق

بعد أن اتّضح معنى التربية، يظهر جليّا أنّ هناك فرقاً بينها وبين علم الأخلاق، فإنّ هدف علم الأخلاق بناء المحتوى الداخليّ الروحيّ للإنسان، لذلك فإنّ جلّ تركيزه على هذا الجانب من شخصيّة الطفل، ولا ينظر إلى الجوانب الأخرى.

بينما التربية فهي أشمل من علم الأخلاق حيث إنّها تتناول أبعاد شخصيّة الطفل كافّة.

هدف تربية الطفل في الإسلام

إنّ حاجة المربّي والمتربّي لمعرفة الهدف من العملية التربوية أمر لا بدّ منه. وهذه المعرفة للهدف تساعد المربّي على إيصال المتربّي إليه، وبالتالي تُساعد المتربّي على معرفة المطلوب منه وتُثير فيه الدافعية نحو التربّي[1].

والهدف لغة اسم لكلّ شيء مرتفع....[2]، أمّا اصطلاحا فقد عرّف بأنّه: «الغاية أو النتيجة التي يُصار إلى تحقيقها بعد القيام بمجهود معيّن»[3].

(1) نشواتي، عبد المجيد، علم النفس التربوي، عمان، دار الفرقان، 1423هـ - 2003م، ط4، ص106-195-196.

(2) الجوهري، إسماعيل بن حماد، الصحاح- تاج اللغة وصحاح العربية-، تحقيق أحمد عبد الغفور عطار، بيروت، دار العلم للملايين، 1407هـ - 1987م، ط4، ج4، ص1442.

(3) الزغول، عماد عبد الرحيم، مقدمة في علم النفس التربوي، عمان، دار الشروق، 2012م، ط1، ص42.

والهدف الأساس من تربية الطفل في الإسلام: «إيصال الطفل المتربِّي إلى الكمال المستعدّ له».

ومن هنا ينبغي للمربّي فهم أهداف العملية التربوية حتّى يتمكّن من الأخذ بيد المتربّي إلى كماله الحقيقيّ.

وبما أنّ موضوع التربية ومحورها «الطفل والإنسان»، فإنّ أهداف العملية التربوية يمكن تقسيمها وفق ما تقتضيه المكوّنات الذاتية التي تتكوّن منها الشخصية الإنسانية إلى الأهداف التالية:

1. **الأهداف العقلية-الاعتقادية:** وهي تتعلّق بالجانب العقليّ والمعرفيّ من شخصية الطفل، وتختصّ بكلّ ما يعتقد به الطفل في الحياة حول أيّ موضوع من الموضوعات وكيفية نظره إلى الأشياء المحيطة به.
2. **الأهداف القلبية-النفسية:** وهي تتعلّق بالجانب القلبيّ من شخصيّة الطفل، وهدفها تكوين الميول والعواطف وإيجاد الدافع النفسيّ وتوليد الميول والرغبة لدى الطفل تجاه الأمور الإيجابية، ومن جهة ثانية توليد النفور وعدم الرغبة تجاه الأمور السلبية.
3. الأهداف البدنية- السلوكية: وتتعلّق بالجانب البدنيّ من شخصيّة الطفل، وتهدف إلى تنمية الجانب الجسميّ له، وتدريبه على المهارات الحركية التي يحتاجها لكي يحقّق الأهداف المطلوبة في هذا المجال.

كما أنّ الهدف له تقسيمات شكلية ثلاثة وهي:

1. **الهدف النهائيّ:** وهو الهدف الأعلى الذي يسعى المتربّي لبلوغه، ولا يوجد أيّ هدف آخر فوقه، والوصول إلى الهدف النهائيّ الذي هو الكمال الحقيقيّ ليس محدوداً بفترة زمنية، ويقع على عاتق المربّي في هذا المقام تزويد الطفل بالاستعدادات وتفعيل القابليات التي تجعله عند بلوغه سنّ التكليف إنساناً ربّانياً متقرّباً من الله تعالى.
2. **الهدف الوسيط:** هو الهدف الذي يكون واسطة في وصول الإنسان إلى هدف آخر أعلى منه[1]. ويختصّ هذا الهدف بالكمالات الإضافية التي تكون واسطة في إيصال الطفل

(1) العجمي، محمد حسنين، الإدارة والتخطيط التربوي النظرية والتطبيق، عمان، دار المسيرة، 1434هـ - 2013م، ط3، ص60.

إلى الكمال الحقيقيّ، كتعويد الطفل على التحلّي بالآداب العامّة مع والديه من طاعة واحترام... وهذه كمالات وسيطة توصل الطفل من خلال المداومة عليها إلى الكمال الحقيقيّ.

3. **الهدف السلوكيّ:** وهو هدف يؤدّي من خلاله المتربّي عملاً جزئياً في زمان خاص محدّد[1].

والوصول إلى الهدف النهائيّ ليس مشروطاً عقلاً وشرعاً في فترة زمنية محدّدة، فالتربية عملية تدريجية وطويلة الأمد، وهي تزوّد الطفل بالاستعدادات وتفعّل لديه القابليّات لتجعل منه إنساناً ربّانياً عند بلوغه سنّ التكليف.

الكمال الحقيقيّ والإضافيّ

ينقسم الكمال الذي هو الوصول إلى الغاية المطلوبة والهدف المنشود إلى قسمين:

1. **الكمال الحقيقيّ:** ويقصد به الوصول إلى مقام القرب الإلهيّ بدرجاته المختلفة.

2. **الكمال الإضافيّ:** وهو الوصول إلى كمال الشيء بحسب طبيعته الموجودة فيه، كوصول الطفل إلى حياة صحية خالية من الأمراض، فهذا بحدّ ذاته كمالاً إضافيّا للطفل بحسب ما تقتضيه طبيعته وفطرته.

فكلّ عملية تُعطي الطفل المعلومات الصحيحة، وتُكوّن لديه العادات الحسنة، وتُشكّل لديه المهارات العقلية والحركية المفيدة،...هي تربية جزئية حقيقية في طريق الوصول إلى كمال التربية الإسلامية.

---

(1) الزغول، مقدمة في علم النفس التربوي، ص44.

المفاهيم الرئيسة

- الرأي الذي تبنّاه العديد من فقهاء أهل اللغة في تعريف التربية أنّها بمعنى: التَّنْشِئة.
- التربية في اصطلاح العلماء هي: إيصال المتربّي إلى الكمال المستعدّ له في جميع جوانب حياته.
- الرأي المختار في تعريف التربية هو: قيام وليّ الطفل أو المأذون له من قِبَله، قولاً وعملاً، بصناعة[1] هوية الطفل (شخصيّته)، أو تنمية استعداداته وقابليّاته الخاصّة، في جميع جوانب حياته.
- يعتبر القرآن الكريم وسنّة المعصومين عليهم السلام المصدرين الأساسَيْن اللذين يستمدّ منهما المنهاج التربويّ الأفضل في العملية التربوية. وقد عبّر القرآن والروايات عن التربية بتعابير مختلفة، كالتزكية والتطهير والهداية والتعليم..
- إنّ التربية والتعليم عمليتان مختلفتان، فالتعليم يمثّل جزءً من التربية، وهو مقدّمة لها، بينما التربية في نطاقها الأوسع تشمل التعليم وغيره...
- التنشئة الاجتماعية هي انعكاس لثقافة المجتمع، بينما العملية التربوية هي منظومة إيمانية قيّمية تهدف إلى جعل الطفل يتحلّى بها بغضّ النظر عن طبيعة المجتمع الذي يعيش فيه.
- والهدف الأساس من تربية الطفل في الإسلام: «إيصال الطفل المتربِّي إلى الكمال المستعدّ له».

(1) مفردة «صناعة» مستعارة من قوله تعالى: ﴿وَلِتُصْنَعَ عَلَىٰ عَيْنِي﴾ سورة طه، الآية 39.

الدرس الثاني

مرحلة ما قبل الولادة

أهداف الدرس

على المتعلّم مع نهاية هذا الدرس أن:

1 . يدرك أنّ من حقّ الطفل على والديه «طهارة المولد».

2 . يتعرّف إلى حقوق الجنين قبل ولادته.

3 . يتعرّف إلى آداب العلاقة الخاصّة بين الزوجين.

تمهيد

يقول تعالى: ﴿إِذْ أَنشَأَكُم مِّنَ ٱلْأَرْضِ وَإِذْ أَنتُمْ أَجِنَّةٌ فِى بُطُونِ أُمَّهَٰتِكُمْ﴾[1]. إنّ رحم الأم هو البيئة الأولى التي يبدأ فيها الطفل بشقّ طريقه نحو نور الحياة، حيث يقضي في بطن أمّه تسعة أشهر. ومن المحطّات التي تقع على طريق تربية الطفل قبل انعقاد نطفته: العلاقة الجنسية بين الزوجين، وقد اهتمّ الإسلام بالمراحل كافّة التي تنعكس على تشكيل هويّة الطفل سواء تلك التي قبل الولادة أو بعدها. يقول الإمام الخمينيّ في هذا السياق: «إنّ لمراعاة آداب النكاح والجماع والحمل ورعاية شرائط الرضاع وسلامة مزاج الزوج والزوجة وصفاء روحهما، تأثيراً خاصاً في صفاء النفس (نفس الطفل) وكدرها»[2].

وسوف نخصّص هذا الدرس حول الآداب التي أكدّ عليها الإسلام، والتي تختصّ بمرحلة ما قبل الولادة.

طهارة المولد

إنّ للطفل سلسلة من الحقوق على والديه، وتبدأ هذه الحقوق قبل انعقاد نطفته، حيث إنّه من حقّه أن تعقد هذه النطفة من علاقة شرعية أطلقت عليها الروايات «طيب المولد»، ويصطلح عليها الفقهاء بـ «طهارة المولد».

وطيب المولد يخلق استعداداً معنوياً خاصّاً لدى الطفل، بعكس ما لو كانت النطفة ناشئة من علاقة غير شرعية، والتي يطلق عليها «الزنا»، فإنّها سوف تؤدّي إلى نزع

---

(1) سورة النجم، الآية 32.

(2) السبحاني، الشيخ جعفر، لب الأثر في الجبر والقدر تقريراً لمحاضرات الإمام الخميني، قم، مؤسّسة الإمام الصادق، 1418هـ، ط1، ص115.

روح الإيمان وتجعل ابن الزنا يحنّ إلى الحرام كما في التعبير الروائيّ عن الإمام جعفر الصادق عليه السلام، قال: «**إنّ لولد الزنا علامات...**» وثانيهما: «**أنّه يحنّ إلى الحرام الذي خُلق منه...**»[1].

هذا، بالإضافة إلى العديد من النتائج السلبية التي تلحق بولد الزنا من الناحية الفقهية، بناءً على روايات عديدة، منها: عدم قبول شهادته، عدم صحّة إمامته للصلاة، عدم مشروعيّة تولّيه للقضاء، عدم جواز إعطائه من الزكاة حال صغره[2]... إلخ.

ومن أهمّ أسباب التشديد في الروايات هو ترهيب الناس وإبعادهم قدر الإمكان عن ارتكاب مثل هذه الفاحشة الكبيرة.

ومن جهة ثانية حثّت الروايات على طيب المولد، حيث مدحت عفّة المرأة، كما عن الإمام الصادق عليه السلام قال: «**طوبى لمن كانت أمّه عفيفة**»[3]. لأنّ عفّة الأم وطيب المولد لهما آثارهما الإيجابية المعنوية الكبيرة على الطفل، ويؤثّران في تفعيل قابليّاته وتقوية استعداداته.

كما أنّه من حقّ الطفل على والديه الحفاظ على الطهارة المعنوية له في كلّ المراحل التي تمرّ بها النطفة. وقد أشار القرآن الكريم إلى هذه المراحل بقوله تعالى: ﴿وَلَقَدْ خَلَقْنَا ٱلْإِنسَٰنَ مِن سُلَٰلَةٍ مِّن طِينٍ ﴿١٢﴾ ثُمَّ جَعَلْنَٰهُ نُطْفَةً فِى قَرَارٍ مَّكِينٍ ﴿١٣﴾ ثُمَّ خَلَقْنَا ٱلنُّطْفَةَ عَلَقَةً فَخَلَقْنَا ٱلْعَلَقَةَ مُضْغَةً فَخَلَقْنَا ٱلْمُضْغَةَ عِظَٰمًا فَكَسَوْنَا ٱلْعِظَٰمَ لَحْمًا ثُمَّ أَنشَأْنَٰهُ خَلْقًا ءَاخَرَ فَتَبَارَكَ ٱللَّهُ أَحْسَنُ ٱلْخَٰلِقِينَ﴾[4].

وفي السياق ذاته أولى الإسلام عناية خاصّة للعلاقة القائمة بين الزوجين وجعل لها آداباً ينبغي للوالدين الالتفات إليها كونها لها الدور الأبرز في بناء شخصية الطفل.

---

(1) الصدوق، الشيخ محمد بن علي، من لا يحضره الفقيه، تصحيح وتعليق على أكبر الغفاري، قم، منشورات جماعة المدرسين بقم المقدسة، لا.ت، ط2، ج4، ص417.

(2) الخميني، الإمام السيد روح الله، تحرير الوسيلة، النجف الأشرف، مطبعة الآداب، 1390هـ، ط2، ج1، ص339.

(3) الصدوق، محمد بن علي، علل الشرائع، تقديم محمد صادق بحر العلوم، لا.م، دار البلاغة، لا.ت، لا.ط، ج2، ص564.

(4) سورة المؤمنون، الآيات 12 - 14.

آداب العلاقة الخاصّة بين الزوجين

ورد العديد من النصوص الدينية حول العلاقة الخاصّة بين الزوجين. وبما أنّ محور حديثنا حول الطفل فسوف نسلّط الضوء على الآداب التي لها تأثيرها على تشكيل هويّته، فهناك بعض من الآداب التي ينبغي للزوجين مراعاتها قبل الجماع لما لها من تأثير على تنمية استعدادات خاصّة عند الطفل، وبالتالي لما لها من انعكاسات على سلامة بنيته الجسدية والأخلاقية والعقلية، أو تلك التي تشكل مانعاً من بلوغه هذا النموّ المطلوب. وقد تنوّعت النصوص في هذا المجال، وهي على ثلاثة أنواع:

أولاً: آداب ما قبل الجماع

1. الوضوء:

عن رسول الله صلى الله عليه وآله وسلم قال: «**إذا حملت امرأتك فلا تُجامعها إلّا وأنت على وضوء، فإنّه -إن لم تُجامعها على وضوء - إن قضى بينكما ولد يكون أعمى القلب بخيل اليد**»[1].

فالوضوء قبل الجماع، وخاصّة للزوجة الحامل، له انعكاساته الإيجابية على الطفل وتدفع عنه الأمور السلبية كعمى القلب وبخل اليد.

2. الغسل بعد الجماع:

عن أبي الحسن الرضا عليه السلام قال: «**الجماع بعد الجماع من غير أن يكون بينهما غسل يورث للولد الجنون**»[2].

ونستفيد من هذه الرواية أنّ الاغتسال من الجنابة بعد الجماع يدفع الآثار السلبية عن الطفل.

3. ذكر الله:

عن أبي عبد الله الصادق عليه السلام قال: «**إذا أتى أحدكم أهله فليذكر الله، فإنَّ من لم يذكر الله عند الجماع وكان منه ولد كان ذلك شرك شيطان...**»[3] ويتحقّق ذلك بالتسمية.

---

(1) الشيخ الصدوق، من لا يحضره الفقيه، ج3، ص553.

(2) البروجردي، السيد حسين، جامع أحاديث الشيعة، قم، المطبعة العلمية، 1399هـ، لا.ط، ج20، ص201.

(3) الشيخ الصدوق، من لا يحضره الفقيه، ج3، ص405.

4. الدعاء:

عن أمير المؤمنين ﷺ قال: «إذا أراد أحدكم مجامعة زوجته فليقل: (اللهمّ إنّي استحللت فرجها بأمرك، وقبلتها بأمانتك، فإنْ قضيت لي منها ولداً فاجعله ذكراً سوياً، ولا تجعل للشيطان فيه نصيباً ولا شريكاً)»[1].

وقد أشار الله تعالى إلى الشراكة الشيطانية في كتابه العزيز: ﴿وَشَارِكْهُمْ فِي ٱلْأَمْوَٰلِ وَٱلْأَوْلَٰدِ وَعِدْهُمْ وَمَا يَعِدُهُمُ ٱلشَّيْطَٰنُ إِلَّا غُرُورًا﴾[2].

وهذه الشراكة من الشيطان للإنسان ليست اضطرارية بل اختيارية، وواحدة منها الشراكة المتعلّقة بالحياة الجنسية المتولّد منها الطفل، فإذا كانت هذه العلاقة فيها ذكر لله تعالى فليس للشيطان إليها سبيل، أمّا إذا كانت منطلقة من الغفلة عن الله تعالى فإن للشيطان فيها نصيباً.

ثانياً: آداب حال الجماع

هناك سلسلة من الآداب التي تختصّ بوقت الجماع، وقد أشارت الروايات إليها، منها:

1. مراعاة مواقيت الجماع:

إنّ الشريعة السمحاء حدّدت أوقاتاً لا ينبغي للزوجين الجماع فيها، وهي على نحوين:

أ - أوقات يحرم جماع الزوجة فيها: كما لو كانت الزوجة في العادة الشهرية، فإنّه يحرم الجماع في هذه الحالة لما له من حرمة من جهة، ولما يتركه من آثار سلبية على الطفل من جهة أخرى، فعن رسول الله ﷺ، قال: **«من جامع امرأته وهي حائض فخرج الولد مجذوماً أو أبرص فلا يلومنّ إلّا نفسه»**[3].

ب- أوقات تكره مجامعة الزوجة فيها: يستفاد من النصوص الدينية أنّ هناك أوقاتاً يُكره مجامعة الزوجة فيها لما لها من دور في تربية الطفل، وهي إمّا بلحاظ نفس الزمن،

---

(1) الصدوق، الشيخ محمد بن علي، الخصال، تصحيح علي أكبر الغفاري، قم، جماعة المدرسين في الحوزة العلمية في قم المقدسة، 1403هـ، لا.ط، ص637، ح400.

(2) سورة الإسراء، الآية 64.

(3) الشيخ الصدوق، من لا يحضره الفقيه، ج1، ص96.

أو بلحاظ ما يُقارنه من الأفعال والخصوصيات كالسفر وغيره، وهي كثيرة منها: عن أمير المؤمنين عليه السلام، قال: «**إذا أراد أحدكم أن يأتي أهله فليتَوَقَّ أوّل الأهلّة، وأنصاف الشهور، فإنّ الشيطان يطلب الولد في هذين الوقتين، والشياطين يطلبون الشرك فيهما فيجيئون ويحبلون**»[1].

2. الهدوء والسكينة:

عن الإمام الحسن المجتبى عليه السلام، قال: «**...إنّ الرجل إذا أتى أهله فجامعها بقلب ساكن وعروق هادئة وبدن غير مضطرب فاستكنّت تلك النطفة في جوف الرحم خرج الولد يُشبه أباه وأمّه....**»[2].

وهذا الأمر حسب ما أشارت الرواية واقع تحت اختيار الإنسان، وهو أن يجامع زوجته بقلب ساكن وحالة جسدية هادئة.

3. قلّة الكلام:

عن رسول الله صلى الله عليه وآله وسلم قال: «**لا تتكلّم عند الجماع كثيراً، فإنّه إن قضى بينكما ولد لا يؤمن أن يكون أخرس**»[3].

ولكن ينبغي الإشارة أنّه قبل الجماع لا بدّ للزوج من إسماع زوجته الكلمات التي تمنحها الشعور بالودّ والطمأنينة، كما قال رسول الله صلى الله عليه وآله وسلم: «**لا يقعنّ أحدكم على امرأته كما تقع البهيمة، ليكن بينهما رسول. قيل: وما الرسول؟ قال صلى الله عليه وآله وسلم: القبلة والكلام**»[4].

4. عدم الجماع من قيام:

عن رسول الله صلى الله عليه وآله وسلم، قال: «**لا تُجامع امرأتك من قيام، فإنّ ذلك من فعل الحمير، وإن قضى بينكما ولد كان بوّالاً في الفراش كالحمير تبول في كلّ مكان**»[5].

---

(1) الشيخ الصدوق، الخصال، ص637.

(2) الصدوق، محمد بن علي، عيون أخبار الرضا، تعليق حسين الأعلمي، بيروت، مؤسسة الأعلمي للمطبوعات، 1404هـ - 1984م، ط1، ج1، ص69.

(3) الشيخ الصدوق، علل الشرائع، ج2، ص 515، الباب 789، علل نوادر النكاح، ح5.

(4) الفيض الكاشاني، محمد بن المرتضى، المحجة البيضاء في تهذيب الأحياء، تصحيح وتعليق علي أكبر الغفاري، بيروت، منشورات مؤسسة الأعلمي للمطبوعات، 1403هـ - 1983م، ط2، ج3، ص110.

(5) الشيخ الصدوق، من لا يحضره الفقيه، ج3، ص552، كتاب الطلاق، باب النوادر، ح4899.

5. **عدم المجامعة في السفر:**

عن النبي ﷺ، قال: «**لا تُجامع أهلك إذا خرجت إلى سفر مسيرة ثلاثة أيام ولياليهنّ، فإنّه إن قضى بينكما ولد يكون عوناً لكلّ ظالم**»[1].

المرحلة الجنينية

إنّ الجنين يمرّ بمراحل مختلفة وبأطوار متعدّدة قبل أن يشقّ طريقه خارج رحم أمّه ليبصر نور الحياة الدنيا، وقد أشار القرآن إلى هذه المراحل الجنينية بقوله تعالى:

﴿وَلَقَدْ خَلَقْنَا ٱلْإِنسَٰنَ مِن سُلَٰلَةٍ مِّن طِينٍ ﴿١٢﴾ ثُمَّ جَعَلْنَٰهُ نُطْفَةً فِى قَرَارٍ مَّكِينٍ ﴿١٣﴾ ثُمَّ خَلَقْنَا ٱلنُّطْفَةَ عَلَقَةً فَخَلَقْنَا ٱلْعَلَقَةَ مُضْغَةً فَخَلَقْنَا ٱلْمُضْغَةَ عِظَٰمًا فَكَسَوْنَا ٱلْعِظَٰمَ لَحْمًا ثُمَّ أَنشَأْنَٰهُ خَلْقًا ءَاخَرَ ۚ فَتَبَارَكَ ٱللَّهُ أَحْسَنُ ٱلْخَٰلِقِينَ﴾[2].

وتفيد الآية الكريمة أنّ الجنين يتدّرج في عملية النموّ من نطفة إلى علقة فمضغة، ثمّ العظام، وبعد ذلك تكسى العظام لحماً، إلى أن يولج الله تعالى الروح فيه وينشئه خلقاً آخر فيخلقه في أحسن تقويم.

حقوق الجنين

إنّ للجنين حقوقاً كثيرة على والديه، ويجب عليهما حفظ هذه الحقوق له ومراعاتها، أهمّها:

1. **السلامة البدنية والصحّية:**

ويتحقّق ذلك من خلال إجراء الفحوصات اللازمة قبل الحمل وأثناء الحمل، لمعرفة ما تحتاجه الأم والجنين من رعاية صحّية في هذا المقام.

2. **السلامة الذهنية والنفسية والروحية:**

ويتحقّق ذلك بتهيئة البيئة الداخلية الحاضنة ونعني بها الأمّ، فينبغي لها المحافظة على طاقة روحية إيمانية عالية من خلال أدائها للواجبات وابتعادها عن المحرّمات لما

---

(1) الشيخ الصدوق، من لا يحضره الفقيه، ج3، ص553.

(2) سورة المؤمنون، الآيات 12-14.

لذلك من أثر كبير على هوية الطفل، فضلاً عن تأمين البيئة الخارجية الهادئة والتي تختصّ بالمكان والمحيط الذي تعيش فيه.

3. حقّ الجنين في الحياة

ومن حقّ الجنين على والديه حفظ حياته، ويتفرّع عن هذا الحقّ أمران:

أ. عدم الإجهاض العمديّ: فيحرم فعل أيّ أمر يؤدّي إلى الإجهاض، يقول السيّد الخامنئيّ: «لا يجوز إسقاط النطفة بعد استقرارها في الرحم، ولا إسقاط الجنين في شيء من مراحله اللاحقة»[1]. وهذا التحريم للإجهاض هو احترام ما بعده احترام لحقّ الإنسان في الحياة في أولى مراتب نشوئه[2].

ب. تهيئة العوامل التي توفّر له نمّواً سليماً، ويتمّ ذلك من خلال تهيئة البيئة الداخلية والخارجيّة الصالحة والسليمة للطفل.

والأمّ هي البيئة الداخلية للجنين، ولذلك فإنّ الحالات التي تمرّ بها على الصعيد الجسديّ والذهنيّ والنفسيّ سواء كانت إيجابية كالإحساس بالطمأنينة والفرح والسعادة، أو سلبية كالشعور بالغضب والحزن لها تأثيرها الخاصّ على الطفل، وهذا أحد وجوه فهم الحديث الوارد عن رسول الله ﷺ: «**الشقيّ من شقي في بطن أمّه، والسعيد من سعد في بطن أمّه**»[3]، بالإضافة إلى الوضع الصحيّ من عافية وسقم فإنّه سينعكس سلباً أو إيجاباً على بنية جنينها، لذلك ينبغي لها الاهتمام بصحّتها ونفسيتها.

وأمّا البيئة الخارجية: فتشمل المكان والمحيط الجغرافيّ الذي توجد فيه الأمّ، فالأصوات الخارجية الهادئة أو الصاخبّة تنعكس على الطفل سلباً أو إيجاباً، ومن هنا من حقّ الجنين توفير البيئة الخارجية المناسبة له.

---

(1) يراجع: الخامنئي، السيد علي بن جواد الحسيني، أجوبة الاستفتاءات، بيروت، دار المصطفى العالمية، 1431هـ - 2010م، ط10، ج2، فصل إسقاط الجنين. والاقتباس من: ص66، مسألة: 183.

(2) الجواهري، حسن، بحوث في الفقه المعاصر، لا.م، مجمع الذخائر الإسلامية، 1429هـ، ط1، ج6، ص392.

(3) الأحسائي، محمد بن علي بن إبراهيم، عوالي اللآلي العزيزية في الأحاديث الدينية، تحقيق مجتبى العراقي، قم، مطبعة سيد الشهداء، 1403هـ - 1983م، ط1، ج1، ص35.

4. حسن التسمية:

يشير بعض الروايات إلى استحباب تسمية الجنين في بطن أمّه قبل أن يخرج إلى الحياة الدنيا. فعن أبي عبد الله عليه السلام، قال: حدّثني أبي، عن جدّي، قال: قال أمير المؤمنين عليه السلام: «**سمّوا أولادكم قبل أن يولدوا، فإن لم تدروا أذكر أم أنثى فسمّوهم بالأسماء التي تكون للذكر والأنثى...**»[1].

5. الغذاء الحلال:

إنّ لغذاء الأم، من حيث الحلّية والحرمة، دوراً رئيساً في تشكيل هويّة الطفل، وهذا من أهمّ حقوق الطفل. ويجب على الأب أن يؤمّن الغذاء لزوجته من الكسب الحلال، فعن رسول الله صلى الله عليه وآله وسلم: «**حقّ الولد على والده... أن لا يرزقه إلا طيباً**»[2].

وقد أشارت الروايات إلى بعض أنواع الغذاء التي تلعب دوراً أساساً في تشكيل هويّة الطفل وبنيته.

وبما أنّ النطفة تتكوّن من المواد الغذائية فينبغي الالتفات إلى أنّ هناك موادّ غذائية معيّنة لها دور في تشكيل الهوية الجسدية للطفل، وينبغي للأب مراعاة أن يكون الطعام الذي تنعقد منه النطفة حلالاً طاهراً، ومن كسب طيب. وقد أشارت الروايات أيضاً إلى أنواع الغذاء التي لها تأثيرها في هذا الجانب، وهي كثيرة، نذكر منها: روايتي الهندباء والسفرجل.

فقد ورد عن الإمام الصادق عليه السلام: «**عليك بالهندباء، فإنّه يزيد في الماء ويُحسّن الولد**»[3].

وعن أبي عبد الله عليه السلام قال: «**من أكل سفرجلة على الريق طاب ماؤه، وحسن ولده**»[4].

---

(1) الشيخ الكليني، الكافي، ج6، ص18.

(2) الريشهري، الشيخ محمد، ميزان الحكمة، لا.م، دار الحديث، 1416هـ، ط1، ج4، ص3679.

(3) الشيخ الكليني، الكافي، ج6، ص363.

(4) م.ن، ص357.

أجر الحامل في روايات أهل البيت عليهم السلام

إنّ معرفة الزوجة الحامل بالأجر الذي أعدّه الله تعالى لها، له دوره الأساس في منحها القوّة والعزيمة على تحمل مشقّات الحمل، فتتحوّل هذه الأشهر إلى حالة من الطمأنينة والرّخاء بعيدة عن التوتّر والعصبية، وممّا جاء من الروايات الشريفة في هذا المقام:

- عن أبي عبد الله الصادق عليه السلام، قال: «إنّ رسول الله ﷺ قال:... إذا حملت المرأة كانت بمنزلة الصائم القائم المجاهد بنفسه وماله في سبيل الله، فإذا وضعت كان لها من الأجر ما لا تدري ما هو لعظمه...»[1].

- وعن النبي ﷺ لامرأة اسمها حولاء، قال: «يا حولاء، والذي بعثني بالحقّ نبيّاً ورسولاً ومبشّراً ونذيراً، ما من امرأة تحمل من زوجها ولداً إلّا كانت في ظلّ الله عزّ وجلّ حتى يُصيبها طلق. يكون لها بكل طلقة عتق رقبة مؤمنة...»[2].

---

(1) الصدوق، الشيخ محمد بن علي، الأمالي، تحقيق قسم الدراسات الإسلامية، طهران، مؤسسة البعثة، 1417هـ، ط1، ص497.

(2) الميرزا النوري، مستدرك الوسائل، ج14، ص245.

المفاهيم الرئيسة

- إنّ رحم الأم هو البيئة الأولى التي يبدأ فيها الطفل بشقّ طريقه نحو نور الحياة، لذلك ينبغي لها مراعاة هذه المرحلة.

- إنّ طيب المولد يخلق استعداداً معنوياً خاصّاً لدى الطفل، بعكس ما لو كانت النطفة ناشئة من علاقة غير شرعية، والتي يطلق عليها «الزنا»، فإنّها سوف تؤدّي إلى نزع روح الإيمان وتجعل ابن الزنا يحنّ إلى الحرام.

- يجب على الزوجين مراعاة الآداب الخاصّة بالعلاقة الجنسية لما لها من انعكاسات على سلامة بنية الطفل الجسدية والأخلاقية والعقلية.

- إنّ الجنين يتدّرج في عملية النموّ من نطفة إلى علقة فمضغة، ثم العظام وبعد ذلك تكسى العظام لحماً، إلى أن يولج الله تعالى الروح فيه وينشئه خلقاً آخر فيخلقه في أحسن تقويم.

- إنّ للجنين سلسلة من الحقوق أهمها: حقّ الحياة، تأمين البيئة الداخلية والخارجية الصالحة، وحسن التسمية.

- إنّ معرفة الزوجة الحامل بالأجر الذي أعدّه الله تعالى لها له دوره الأساس في منحها القوّة والعزيمة على تحمل مشقّات الحمل.

الدرس الثالث

مستحبّات الولادة

أهداف الدرس

على المتعلّم مع نهاية هذا الدرس أن:

1. يعرف أهمّية مراسم يوم ولادة الطفل.
2. يدرك أنّ المولود نعمة ينبغي شكر الله عليها.
3. يتعرّف إلى خصوصيّة اليوم السابع للطفل.

تمهيد

اهتمّ الإسلام بالإنسان ورعاه في مراحله العمرية كافّة الممتدّة من المهد إلى اللحد، وخاصة المرحلة الأولى من عمره، فقد أولاها أهمية خاصّة لضعف الطفل في هذه المرحلة وحاجته إلى الرعاية والعناية الخاصّة من قبل الوالدين، وقد وضع الإسلام آداباً ومستحبّات خاصّة للمولود الجديد تعتبر من جملة حقوقه على والديه. وقد أشارت الروايات الشريفة إلى الآثار الإيجابية لهذه المستحبّات على الطفل سواء من الناحية الجسدية أو الروحية.

أولاً: استقبال المولود بالفرح والتهنئة به وشكر الله تعالى عليه

البشارة بالمولود نعمة من الله تعالى ينبغي للوالدين شكر المنعم عليها. ومن حقّ المولود على والديه حسن الاستقبال له بالبشر والسرور، وقد أشار القرآن الكريم إلى هذه العبارة في آيات عديدة منها: ﴿يَٰزَكَرِيَّآ إِنَّا نُبَشِّرُكَ بِغُلَٰمٍ ٱسْمُهُۥ يَحْيَىٰ﴾[1]. والبشارة مشتقّة من: البِشر، وهو الخبر السّارّ الذي يبسط بشرة وجه المخبَر به ويدخل السرور على قلبه[2].

ومن أبرز مصاديق الشكر على المولود أن يقوم الوالدان بتربيته تربية صالحة تكون طريقاً لهما للوصول إلى الله تعالى.

---

(1) سورة مريم، الآية 7.

(2) اختار بعض العلماء أن أصل البشارة بحسب الوضع ليس فيه الفرح بحسب المعنى اللغوي، بل إن البشر هو مطلق الخبر الأعم من كونه ساراً أو محزناً، لأنه كما يوجب السرورُ تغييرَ البشرة، كذلك الحزنُ يوجب تغييرها، فلفظ البشارة حقيقة في القسمين معاً، وإنما أصبح يتبادر منه لدى العرف العام خصوص الخبر السار من باب غلبة الاستعمال. يراجع: الخميني، السيد مصطفى، تفسير القرآن الكريم مفتاح أحسن الخزائن الإلهية، لا.م، مؤسسة تنظيم ونشر آثار الإمام الخميني، 1418هـ، ط1، ج5، ص8.

كما أنّ التهنئة بالمولود تعدّ باباً من أبواب الشكر لله تعالى، كما ورد في روايات أهل البيت عليهم السلام، فقد هنّأ بحضرة أمير المؤمنين علي عليه السلام رجلٌ رجلاً بغلام وُلِد له، فقال له: ليهنئك الفارس.

فقال عليه السلام: **«لا تقل ذلك، ولكن قل: شكرت الواهب، وبورك لك في الموهوب، وبلغ أشدّه[1]، ورُزقت بره»**[2]. وفي هذه الرواية إلفاتة لشكر الله تعالى على نعمة المولود.

وقد أكدّ الإسلام على أن يفرح الإنسان بالمولودة كفرحه بالمولود، فقد بُشّر النبيّ صلى الله عليه وآله وسلم بابنة، فنظر في وجوه أصحابه، فرأى الكراهة فيهم، فقال: **«ما لكم! ريحانة أشمّها، ورزقها على اللّه»**[3].

ثانياً: غسل المولود

والمشهور بين الفقهاء أنّ هذا الغسل مستحبّ، وقد قال بعض العلماء بوجوبه[4].

ثالثاً: لفُّ المولود بخرقة بيضاء، وتلاوة الأذان والإقامة في أذنيه

يستحبّ عند الولادة أن يلفّ المولود بخرقة بيضاء[5]، وأن يؤذّن في أذنه اليمنى ويقيم في أذنه اليسرى كما هو مفاد روايات عديدة، منها:

- عن علي بن ميثم، عن أبيه، قال: سمعتُ أمّي تقول: سمعتُ نجمة أم الرضا تقول: **«لمّا حملت بابني عليّ، لم أشعر بثقل الحمل...، فلمّا وضعته... دخل إليّ أبوه موسى بن جعفر** عليه السلام، **فناولته إيّاه في خرقة بيضاء، فأذّن في أُذنه اليمنى، وأقام في اليسرى...»**[6].

---

(1) «بلغ أشده»: جملة دعائية للمولود في أن يبلغ كماله.

(2) الرضي، السيد محمد بن حسين، نهج البلاغة، مجموع ما اختاره الشريف الرضي من كلام أمير المؤمنين علي بن أبي طالب عليه السلام، شرح محمد عبده، تخريج المصادر حسين الأعلمي، بيروت، مؤسسة الأعلمي للمطبوعات، 1413هـ - 1993م، ط1، ج4، ص82، باب المختار من حكم أمير المؤمنين، رقم 354.

(3) الشيخ الصدوق، من لا يحضره الفقيه، ج3، ص481.

(4) يراجع: الحلي، العلامة الحسن بن يوسف، تذكرة الفقهاء، قم، مؤسسة آل البيت لإحياء التراث، 1414هـ، ط1، ج2، ص144.

(5) يراجع: الجواهري، الشيخ محمد حسن، جواهر الكلام في شرح شرائع الإسلام، تحقيق وتعليق القوجاني، طهران، دار الكتب الإسلامية، 1365هـ، ط2، ج31، ص251.

(6) الشيخ الصدوق، عيون أخبار الرضا، ج2، ص30.

رابعاً: تحنيك المولود

يستحب تحنيك الطفل وذلك من خلال إدخال المادّة التي يُراد التحنيك بها إلى أعلى داخل الفم[1]، ويكون التحنيك إمّا بماء الفرات [2]، أو تربة الحسين، أو العسل، أو التمر، أو ماء السماء.... كما أشارت الروايات في هذا المقام، منها:

عن أبي جعفر عليه السلام: «**حنّكوا أولادكم بماء الفرات، وبتربة قبر الحسين** عليه السلام، **فإن لم يكن فبماء السماء**»[3].

خصوصية اليوم السابع

إذا تتبّعنا السنّة النبوية الشريفة نجد أنّ هناك خصوصيّة لليوم السابع فيما يختصّ بالتعامل مع المولود، حيث أفردت الروايات هذا اليوم بالعديد من المستحبّات المؤكّدة.

عن أبي بصير، عن أبي عبد الله عليه السلام: في المولود:

قال: «**يُسمّى في اليوم السابع، ويُعقّ عنه، ويُحلق رأسه، ويُتصدّق بوزن شعره فضّة، ويُبعث إلى القابلة بالرِّجل مع الورك، ويُطعم منه، ويُتصدّق**»[4].

أولاً: العقيقة

أصل العقيقة في اللغة من العَقّ، أي الشقّ والقطع[5].

وأمّا اصطلاحاً: فهي عبارة عن ذبح أحد الأنعام الأربعة[6] عن المولود (طفل/ طفلة)، في اليوم السابع من ولادته.

---

(1) الهندي، الفاضل محمد بن الحسن، كشف اللثام عن قواعد الأحكام، قم، تحقيق مؤسسة النشر الإسلامي التابعة لجماعة المدرسين بقم المشرفة، 1424هـ، ط1، ج7، ص526.

(2) ماء الفرات هو الماء العذب، وقد أطلق القرآن الكريم على مياه الأنهار والماء المختزن تحت الأرض والذي نشربه اسم الماء الفرات، أي المستاغ الطعم. يقول تعالى» وأسقيناكم ماء فراتا» (سورة المرسلات، الآية 27).

(3) الشيخ الكليني، الكافي، ج6، ص24.

(4) م.ن، ص29.

(5) ابن زكريا، معجم مقاييس اللغة، ج4، ص3.

(6) (الضأن- المعز- البقر- الإبل).

وتُسمّى الذبيحة: عقيقة، لأنّها تُذبح، فيُشقّ حلقومها ومريئها وودجاها قطعاً[1].

وهي من المستحبات المؤكّدة التي أمرت بها الروايات، عن الإمام عليّ عليه السلام قال: «عقّوا عن أولادكم يوم السابع»[2]. وعن الإمام الصادق عليه السلام، قال: «**عقّ عنه، واحلق رأسه، يوم السابع، وتصدّق بوزن شعره فضة، واقطع العقيقة جذاوى**[3]، **واطبخها، وادع عليها رهطاً من المسلمين**»[4].

والعقيقة كما تؤكّد الروايات وقاية وأمان للطفل، وحرز له من الأمراض التي قد تصيبه في حياته، ومن حقّ الطفل على وليّه حسن ولايته ورعايته ووقايته.

استحباب تعدّد العقيقة:

يُستحبّ تعدّد العقيقة للمولود الواحد، فقد عقّ الإمام العسكريّ عن الإمام المهديّ بكبشين وفي بعضها بأربعة.

وفي رواية عن أبي هارون مولى آل جعدة، قال: «**كُنتُ جليساً لأبي عبد الله** عليه السلام **بالمدينة، ففقدني أياماً، ثمّ إنّي جئت إليه، فقال لي: لم أرك منذ أيام يا أبا هارون، فقُلتُ: ولد لي غلام... ثم قال لي: عققت عنه؟ قال: فأمسكت. قال: وقد رآني حيث أمسكت ظنّ أنّي لم أفعل. فقال: يا مصادف، ادنُ منّي، فوالله ما علمت ما قال له، إلا أنّي ظننتُ أنّه قد أمر لي بشيء، فذهبت لأقوم. فقال لي: كما أنت يا أبا هارون. فجاءني مصادف بثلاثة دنانير، فوضعها في يدي. فقال: يا أبا هارون، اذهب، فاشتر كبشين، واستسمنهما، واذبحهما، وكل، وأطعم**»[5].

كما أنّه يُستحبّ تعدّد العقيقة بتعدّد المواليد، بمعنى أنّه من ولد له توأمان، يُستحبّ أن يعقّ عن كلّ واحد منهما بعقيقة مستقلّة، لا أن يجمع عنهما بعقيقة واحدة.

---

(1) الطريحي، الشيخ فخر الدين، مجمع البحرين، أعاد بناءه على الحرف الأول من الكلمة محمود عادل، تحقيق أحمد الحسيني، لا.م، مكتب نشر الثقافة الإسلامية، 1408هـ، ط2، ج5، ص215. والبحراني، يوسف، الحدائق الناضرة في أحكام العترة الطاهرة، قم، مؤسسة النشر الإسلامي التابعة لجماعة المدرسين بقم المشرفة، لا.ت، لا.ط، ج25، ص56.

(2) الشيخ الصدوق، الخصال، ص619.

(3) جذاوى: جمع جذوة، وهي القطعة. وفي التهذيب، والوافي: «الجداول». الجدول: العضو.

(4) الشيخ الكليني، الكافي، ج6، ص27.

(5) م.ن، ص40.

عن محمد بن مسلم، قال: «**ولد لأبي جعفر عليه السلام غلامان جميعاً، فأمر زيد بن علي أن يشتري له جزورين**[1] **للعقيقة...**»[2].

والعقيقة مستحبة على من يستطيع إلى ذلك سبيلاً، أمّا الفقير فلا شيء عليه، كما يستفاد من الروايات الشريفة، فعن إسحاق بن عمار، قال: «**سألتُ أبا الحسن عليه السلام عن العقيقة على الموسر والمعسر؟ فقال عليه السلام: ليس على من لا يجد شيء**»[3].

نعم، لا يسقط استحبابها بالتأخير عن اليوم السابع، فلو توفّر المال لاحقاً يستحبّ أن يأتي بها.

ثانياً: الإطعام والوليمة

يستحبّ إطعام الطعام عند ذبح العقيقة، وأن يأكل منها أهل بيت الطفل أنفسهم، وأن يُهدى منها إلى الجيران، وأن يُوزّع لحمها نيئاً أو مطبوخاً على المحتاجين والفقراء من المؤمنين من أهل الولاية، أو أن تُطبخ ويُدعى إليها كوليمة بعض المؤمنين.

كما أكّد على ذلك العديد من الروايات، تقدّم منها ما يدلّ على ذلك ومنها:

عن عبد الله بن بكير، قال: «**كُنتُ عند أبي عبد الله عليه السلام، فجاءه رسول عمّه عبد الله بن عليّ، فقال له: يقول لك عمّك: إنّا طلبنا العقيقة فلم نجدها، فما ترى نتصدّق بثمنها؟ فقال عليه السلام: لا، إنّ الله يُحبّ إطعام الطعام وإراقة الدماء**»[4].

ثالثاً: حلق الشعر والتصدّق بوزنه فضّة

من المستحبّات الواردة في خصوص اليوم السابع حلق شعر المولود. ويظهر من الروايات أنّه ينبغي البدء به قبل العقيقة، عن الإمام الصادق عليه السلام قال: «**تبدأ بمنى بالذبح قبل الحلق وفي العقيقة بالحلق قبل الذبح**»[5].

---

(1) الجزور: يقال لما يذبح من الشاء وللبعير إذا حان له أن يذبح.
(2) الشيخ الكليني، الكافي، ج6، ص25.
(3) م.ن، ص27.
(4) م.ن، ص25.
(5) م.ن، ج4، ص498.

والمقصود حلق جميع الرأس، والتصدّق بوزنه فضّة، كما جرت سيرة أهل البيت عليهم السلام على ذلك، عن أبي عبد الله عليه السلام، قال: «**إنّ فاطمة** عليها السلام **حلقت ابنيها، وتصدّقت بوزن شعرهما فضّة**»[1].

رابعاً: طلي الرأس بالطيب (خلوق، زعفران...)

من جملة السنن المستحبّة أيضاً يوم أسبوع الطفل هو أن يُطلى رأسه ويُدهن بالطيب، والوارد في الروايات: الخلوق، والزعفران، والظاهر أنّهما من باب المثال دون الحصر.

عن أبي عبد الله عليه السلام، قال: «**... والخامسة: يُلطّخ رأسه بالزعفران...**»[2].

خامساً: ثقب أذن المولود

ذكر الفقهاء هذا الاستحباب استناداً إلى السنّة الفعلية للنبيّ، وإلى بعض ما ورد في الروايات كقول الإمام الصادق عليه السلام: «**يعقّ [illegible] المولود، ويثقب أُذنه...**»[3].

سادساً: الختان

الختن في أصل اللغة هو القطع. والختان في الاصطلاح عبارة عن قطع الغلفة أي الجلدة التي تستر الحشفة، بحيث تنكشف ويظهر منها ما كان مستوراً[4].

.. وقد فعله رسول الله بحقّ الحسنين، عن الإمام جعفر الصادق، عن أبيه عليهما السلام، قال: «**سمّى رسولُ اللهِ الحسنَ والحسينَ لسبعة أيام، وعقّ عنهما لسبع، وختنهما لسبع...**»[5].

كما تستحبّ الوليمة عند الختان.

---

(1) الشيخ الكليني، الكافي، ج6، ص26.

(2) الطبرسي، الشيخ الحسن بن الفضل، مكارم الأخلاق، لا.م، منشورات الشريف الرضي، 1392هـ - 1972م، ط6، ص228.

(3) الميرزا النوري، مستدرك الوسائل، ج15، ص154.

(4) يراجع: الطوسي، الشيخ محمد بن الحسن، المبسوط في فقه الإمامية، تصحيح وتعليق محمد الباقر البهبودي، بيروت، دار الكتاب الإسلامي، لا.ت، لا.ط، ج8، ص67.

(5) الحميري القمي، الشيخ عبد الله بن جعفر، قرب الإسناد، قم، مؤسسة آل البيت لإحياء التراث، 1413هـ، ط1، ص122.

المفاهيم الرئيسة

- إنّ الإسلام قد اهتمّ بالإنسان ورعاه في كافّة مراحله العمرية الممتدّة من المهد إلى اللحد، فوضع آداباً ومستحبّات خاصّة بالمولود.
- إنّ البشارة بالمولود نعمة من الله تعالى ينبغي للوالدين شكر المنعم عليها، ومن حقّ المولود على والديه حسن الاستقبال له بالبشر والسرور.
- هناك العديد من المستحبّات عند الولادة والتي ذكرت في روايات أهل البيت عليهم السلام منها: الشكر لله على المولود، ولفّه بخرقة بيضاء، وتحنيكه، والأذان والإقامة و...الخ.

الدرس الرابع

حقّ الطفل في حسن التسمية والرضاعة

أهداف الدرس

على المتعلّم مع نهاية هذا الدرس أن:

1 . يعرف أنّ من حقّ الطفل على والديه اختيار الاسم الحسن له.

2 . يعرف أنّ الرضاعة حق طبيعيّ للطفل.

3 . يتعرّف إلى الفوائد البدنية والمعنوية للرضاعة الطبيعية.

تمهيد

حرصاً على عدم انتشار الظاهرة السلبية التي بدأت تشقّ طريقها في وسط المجتمع الإسلاميّ حول إطلاق أسماء غربية أو أجنبية على الأبناء والبنات، تأثّراً بالثقافة الغربية وتقليداً لها، خصوصاً أسماء المشاهير من الشخصيّات، ولكون الأسماء تُشكّل عنصراً من عناصر الهويّة الحضارية لأيّ أمّة، يُصبح الحديث عن معايير اختيار اسم الطفل من القضايا المهمّة على المستوى التربويّ التي تقتضي التوقّف عندها بشكل تفصيليّ.

وحرصاً على موضوع عدم انتشار الرضاعة الصناعية وسلب الطفل حقّه في الرضاعة الطبيعية مع ما للرضاعة من دور في تكوين هوية الطفل، سنسلّط الضوء على موضوع الرضاعة وأثرها على الطفل من الناحيتين المادية والمعنوية.

حقّ الطفل في حسن التسمية

التسمية عبارة عن عملية وضع الاسم إزاء المسمّى وجعله مقابله، أي إطلاق اسم معيّن محدّد - كـ: محمّد للذكور، وفاطمة للإناث - على المولود الجديد.

والمقصود بالبحث هنا الاسم بالمعنى الأخصّ، أي «اسم العَلَم»، وهو اللفظ الدّال على ذات مشخّصة معيّنة. وفائدته: تعريف الذوات، وبيان الفرق بين الأشخاص، فبالاسم يتميّز الفرد عن غيره.

ولا ريب في أنّه لا يُمكن نزع الأسماء وخلعها بالكلّية - إيجاباً أو سلباً - عن أمرين:

الأوّل: ثوب معانيها اللغوية، فهي تحضر أحياناً مفاهيمها اللغوية في ذهن الإنسان.

والثاني: ثوب بعض الشخصيّات التاريخية والمشهورة، حيث إنّ التشابه في الأسماء يأخذ الذهن إلى دائرة التشابه في المعاني بين الشخصيّات.

وإذا أخذنا بعين الاعتبار هاتين النقطتين، يُصبح من الضروريّ اختيار الاسم الحسن من جهتين:

أ. من حيث اللفظ والتركيب بين الحروف، بأن لا يكون لفظاً غريباً معقّداً موحشاً...

ب. ومن حيث المعنى، بأن تكون له تضمّنات إيجابية، ولا يحمل إشارات إلى معانٍ سلبية.

وقد ورد التأكيد والحثّ في الرؤية التربوية الإسلامية على استحسان الأسماء، واعتبرت أنّ من حقوق الطفل على وليّه اختيار الاسم الحسن له، لما لذلك من آثار إيجابية واجتماعية على الطفل، ومن جملة ما ورد في هذا المورد:

عن الإمام عليّ بن أبي طالب عليه السلام، قال: قال رسول الله صلى الله عليه وآله وسلم: «**إنّ أول ما ينحل به**[1] **أحدكم ولده: الاسم الحسن، فليحسن أحدُكم اسم ولده**»[2].

متى يستحبّ البدء بالتسمية؟

إنّ الروايات الواردة في بدء التسمية على أربع طوائف عند الاستقراء:

الطائفة الأولى من الأخبار: تضمّنت استحباب التسمية من غير توقيت بزمان محدّد.

عن أبي الحسن الأول الكاظم عليه السلام قال: «**أول ما يبرّ الرجلُ ولدَه أن يُسمّيه باسم حسن، فليحسن أحدُكم اسم ولده**»[3].

الطائفة الثانية: حثّت على تسمية الأولاد قبل الولادة، وقد تقدّمت[4].

---

(1) ينحل: أي يهدي ويعطي.

(2) الراوندي، فضل الله بن علي، النوادر، تحقيق سعيد رضا علي عسكري، قم، دار الحديث، 1377هـ، ط1، ص96. والميرزا النوري، مستدرك الوسائل، ج15، ص127.

(3) الشيخ الكليني، الكافي، ج6، ص18.

(4) يراجع: درس المرحلة الجنينيّة.

الطائفة الثالثة: يُستفاد منها التسمية حين الولادة.

عن الإمام الكاظم عليه السلام: «**... إنْ أحبَّ أن يُسمّيه من يومه، فَعَل**»[1].

الطائفة الرابعة: يُستفاد منها الحثّ على التسمية في اليوم السابع من ولادة الطفل.

عن أبي عبد الله عليه السلام: «**يُسمّى المولود يوم سابعه**»[2].

ويمكننا الجمع بين هذه الروايات حيث إنّها جميعها وردت في مقام البيان للتسمية من جهة الاستحباب، ويمكن الإتيان بها جميعها بنيّة الاستحباب والتأسّي بالنبيّ وأهل البيت عليهم السلام، فإنْ سمّى الجنين فقد فعل المستحبّ امتثالاً لقول أمير المؤمنين عليه السلام: «**سمّوا أولادكم قبل أن يولدوا**»[3]، وإن لم يُسمّه وأخّر تسميته إلى حين الولادة فعل المستحبّ تأسّياً بفعل رسول الله وأمير المؤمنين ولقول الكاظم عليهم السلام، وإن أخّر إلى اليوم السابع كما في الروايات السابقة فعل المستحبّ، أو يُمكن حملها على الفضل والأفضل في اليوم السابع.

النصوص الواردة في استحباب بعض الأسماء

يوجد بعض النصوص الروائية التي تتضمّن بعض المعايير في استحباب تحديد الأسماء الحسنة التي يستحبّ إطلاقها على الطفل وتسميته بها، وهي على ثلاثة أقسام:

- **الأوّل:** أنّـه يستحبّ تسمية الطفل بـأيّ اسم من أسـماء الأنبياء. عن أمير المؤمنين عليه السلام، قال: إنّ رسول الله قال: «**ما من أهل بيت فيهم اسم نبيّ إلّا بعث الله عزّ وجلّ إليهم ملكاً يُقدّسهم بالغداة والعشيّ**»[4].
- **الثاني:** أنّه يستحبّ تسمية الطفل كلّ اسم يفيد العبودية لله تعالى، عن أبي

---

(1) الشيخ الكليني، الكافي، ج6، ص24.

(2) المغربي، النعمان بن محمد، دعائم الإسلام وذكر الحلال والحرام والقضايا والأحكام عن أهل البيت عليهم السلام، تحقيق آصف بن علي أصغر فيضي، القاهرة، دار المعارف، 1383هـ - 1963م، لا.ط، ج2، ص188.

(3) الشيخ الكليني، الكافي، ج6، ص18.

(4) الطوسي، الشيخ محمد بن الحسن، الأمالي، تحقيق قسم الدراسات الإسلامية، قم، مؤسسة البعثة، 1414هـ، ط1، ص454، ح1012. ورواه في: البغدادي، أحمد بن علي، تاريخ بغداد أو مدينة السلام، تحقيق مصطفى عبد القادر عطا، بيروت، دار الكتب العلمية، 1417هـ - 1997م، ط1، ج14، ص244.

جعفر الباقر عليه السلام، قال: «**أصدق الأسماء ما سُمّي بالعبودية، وأفضلها أسماء الأنبياء**»[1].

- **الثالث:** يستحبّ تسمية الطفل بأيّ اسم من الأسماء التي يتسمّى بها النبيّ وأهل بيته عليهم السلام. عن ربعي بن عبد الله، قال: قيل لأبي عبد الله عليه السلام: «جُعلت فداك، إنّا نُسمّي بأسمائكم وأسماء آبائكم، فينفعنا ذلك؟ فقال: إي والله، وهل الدين إلّا الحبّ؟! قال تعالى: ﴿قُلْ إِن كُنتُمْ تُحِبُّونَ ٱللَّهَ فَٱتَّبِعُونِى يُحْبِبْكُمُ ٱللَّهُ وَيَغْفِرْ لَكُمْ ذُنُوبَكُمْ﴾[2]»[3].

خصوصية بعض الأسماء

هناك بعض الأسماء التي وردت لها خصوصيّة في الروايات الشريفة، ومن جملتها للذكور:

1. **اسم محمّد:** عن أبي عبد الله عليه السلام: أنّ النبيّ صلى الله عليه وآله وسلم قال: «**من ولد له أربعة أولاد، ولم يُسمِّ أحدهم باسمي فقد جفاني**»[4].
2. **اسم عليّ:** عن عليّ بن أبي طالب عليه السلام، قال: «**من ولد له أربعة، فلم يُسمّ أحدهم باسمي، فقد جفاني**»[5].
3. **اسم حمزة:** عن أبي عبد الله عليه السلام، قال: «**جاء رجل إلى النبيّ، فقال: يا رسول الله، ولد لي غلام، ماذا أُسمّيه؟ قال** صلى الله عليه وآله وسلم: **سمِّه بأحبّ الأسماء إليّ: حمزة**»[6].

---

(1) الشيخ الكليني، الكافي، ج6، ص18.

(2) سورة آل عمران، الآية 31.

(3) العياشي، محمد بن مسعود بن عياش، تفسير العياشي، تحقيق هاشم الرسولي المحلاتي، طهران، المكتبة العلمية الاسلامية، 1380هـ، ج1، ط1، ص167-168.

(4) الشيخ الكليني، الكافي، ج6، ص19.

(5) الديلمي، شيرويه بن شهردار، فردوس الأخبار بمأثور الخطاب المخرج على كتاب الشهاب، تحقيق فواز أحمد الزملي ومحمد المعتصم بالله البغدادي، لا.م، دار الكتاب العربي، 1407هـ - 1987م، لا.ط، ج3، ص632، ح5981.

(6) الشيخ الكليني، الكافي، ج6، ص19.

4. أسماء أهل البيت عليهم السلام: عن الإمام الرضا عليه السلام، قال: «**لا يدخل الفقر بيتاً فيه اسم: محمد، أو أحمد، أو عليّ، أو الحسن، أو الحسين، أو جعفر، أو طالب، أو عبد الله، أو فاطمة من النساء**»[1].

5. **اسم فاطمة:** أمّا في الإناث فقد وردت خصوصية لهذا الاسم، عن الإمام الصادق عليه السلام «**أمّا إذا سمّيتها فاطمة، فلا تسبّها، ولا تلعنها، ولا تضربها**»[2].

وفي المقابل يُكره تسمية الطفل بأسماء غير حسنة. وقد قدّمت الروايات أيضاً معياراً عاماً في بعض الأسماء التي لا يحسن تسمية الطفل بها، وهي أسماء أعداء أهل البيت عليهم السلام، لأنّها تُفرح الشيطان، عن الإمام الباقر عليه السلام: «**... إنّ الشيطان إذا سمع منادياً يُنادي: يا محمّد، يا عليّ، ذاب كما يذوب الرصاص. حتّى إذا سمع منادياً باسم عدوّ من أعدائنا، اهتزّ واختال**»[3].

استحباب التكنية

أكّدت الروايات على استحباب التكنية، وهي عبارة عن إعطاء كنية معيّنة للطفل أو الطفلة، فيُسمّى الطفل «**أبا فلان**»، أو الطفلة أم فلان. عن الإمام الرضا عليه السلام، قال: «**إنّه لمّا ولد الحسن بن علي، هبط جبرئيل على رسول الله، بالتهنئة في اليوم السابع، وأمره أن يُسمّيه ويُكنّيه...**»[4].

حق الطفل في الرضاعة

لقد أولى الإسلام الرعاية والعناية الخاصّة بمسألة الرضاعة لأنّها لها دور أساس في بنية الطفل البدنية والنفسية والسلوكية والذهنية...

---

(1) الشيخ الكليني، الكافي، ج6، ص19.

(2) م.ن، ص19.

(3) م.ن، ص20.

(4) م.ن، ص34.

تعريف الرضاعة

الرّضاعة لغة «شرب اللبن من الضرع أو الثدي»[1].

«الرَّضع: مصّ الثدي، شرب اللبن منه»[2]. ولا يُقال لمن شرب الحليب من غير الثدي إنّه ارتضع.

ومفهوم الرضاع لغة يتحقّق بمجرّد مصّ الطفل للثدي ولو مرّة واحدة، فضلاً عن الرّضاعة لفترة سنتين.

أمّا في الاصطلاح الفقهيّ: الرضاعة عبارة عن «اغتذاء من له دون الحولين، بلبن آدمية حيّة، درّ لبنها عن نكاح صحيح، أو شبهة، حاملاً أو مرضعاً، المقدار الشرعيّ، بإصابة من ثدييها، باقياً على خلوصه»[3]. وقد تكون تلك المرأة هي الأمّ، وقد تكون المرضِعة امرأة أخرى غير الأمّ.

أمّا أن يوضع الحليب، لبن الأمّ، في قارورة من دون أن يمتصّ من الثدي مباشرة فهذا لا يطلق عليه رضاع في الاصطلاح الشرعيّ.

والنصوص الروائية: تنظر إلى الرضاع كعلاقة مستمرّة لمدّة يصدق عليها عرفاً هذا المفهوم بما له من الآثار العاطفية والنفسية والصحّية والذهنية وغيرها، والتي حدّدها القرآن الكريم بحولين كاملين[4].

فالرضاعة من أهمّ حقوق الطفل في الإسلام، وقد أسند النبيّ ﷺ من جملة ما أسند في أسباب فصاحته وبلاغته وحسن بيانه وعذوبة لسانه: الرضاعة، حيث قال ﷺ: «أنا أعربكم، أنا قرشيّ واسترضعت في بني سعد بن بكر»[5].

---

(1) ابن زكريا، معجم مقاييس اللغة، ج2، ص400.

(2) الشيخ الطبرسي، مجمع البيان، ج2، ص111.

(3) مسالك الأفهام، ج7، ص 234.

(4) البجنوردي، السيد حسن، القواعد الفقهية، تحقيق مهدي المهريزي ومحمد حسين الدرايتي، قم، مطبعة الهادي، 1419هـ، ط1، ج8، ص332.

(5) الحميري، عبد الملك بن هشام، السيرة النبوية، تحقيق وضبط وتعليق محمد محيي الدين عبد الحميد، القاهرة، مطبعة المدني، 1383هـ - 1963م، لا.ط، ج1، ص107. وروي عنه ﷺ أنه قال: «أنا أفصح العرب، بيد أني من قريش، ونشأت في بني سعد، وارتضعت من بني زهرة ». النووي، يحيى بن شرف، المجموع شرح المهذب، لا.م، دار الفكر، لا.ت، لا.ط، ج18، ص227. والعاملي، زين الدين بن علي، مسالك الأفهام إلى تنقيح شرائع الإسلام، إيران، مؤسسة المعارف الإسلامية، 1414هـ، ط1، ج7، ص241.

حقّ الطفل في حسن اختيار المرضعة

قد أكدّت الراويات على أهمية اختيار المرضّعة بشكل دقيق لما في ذلك من آثار معنوية وروحية وبدنية على الطفل، لذلك ورد أنّه من حقّ الرضيع على والديه إذا أرادا اختيار مرضعة له حسن الاختيار، على قاعدة روائية تأسيسية مفادها: «إنّ اللبن يُعدي، ويُغيّر طباع الطفل»، لذلك ورد النهي عن استرضاع من تحمل الصفات السلبية لما لذلك من أثر سلبيّ على شخصيّة الطفل. ومن هذه الصفات:

1. **الحمقاء:** عن رسول الله صلى الله عليه وآله وسلم: «**لا تسترضعوا الحمقاء، فإنّ الولد يشبّ عليه**»[1]. وعن أبي عبد الله عليه السلام، قال: كان أمير المؤمنين عليه السلام يقول: «**لا تسترضعوا الحمقاء، فإنّ اللبن يغلب الطباع**»[2].
2. **الزانية وابنة الزنا:** وحذرت من أن ترضعه ابنة الزنا، فعن عليّ بن جعفر، عن أخيه أبي الحسن عليه السلام، قال: سألتُه عن امرأة ولدت من زنا هل يصلح أن يسترضع بلبنها؟ قال: «**لا يصلح، ولا لبن ابنتها التي ولدت من الزنا**»[3].
3. **البغاء والمجنونة:** وعن الإمام عليّ عليه السلام: «**توقّوا على أولادكم لبن البغيّ**[4] **من النساء، والمجنونة، فإنّ اللبن يُعدي**»[5].

وفي الوقت نفسه أكّدت على اختيار من تتحلّى بالصفات الحسنَة،عن محمد بن مروان، قال: قال لي أبو جعفر عليه السلام: «**استرضع لولدك بلبن الحسان، وإيّاك والقباح، فإنّ اللبن قد يُعدي**»[6].

---

(1) الشيخ الكليني، الكافي، ج6، ص43.
(2) م.ن، ص43.
(3) م.ن، ص44.
(4) البغي: هنا بمعنى الزانية، قال تعالى: (ولاَ تُكْرِهُوا فَتَيَاتِكُمْ عَلَى الْبِغَاءِ) سورة النور، الآية 33. البغاء: الزنا.
(5) الشيخ الصدوق، الخصال، ص615.
(6) الشيخ الكليني، الكافي، ج6، ص43.

من هي المرضعة الأفضل للطفل؟

إنّ الأم هي المرضعة الأفضل للطفل، ولها دور أساس في بناء شخصيته التربويّة. وقد توجه الخطاب القرآنيّ إليها بشكل مباشر وذلك قوله تعالى: ﴿وَٱلْوَٰلِدَٰتُ يُرْضِعْنَ أَوْلَٰدَهُنَّ حَوْلَيْنِ كَامِلَيْنِ ۖ لِمَنْ أَرَادَ أَن يُتِمَّ ٱلرَّضَاعَةَ...﴾[1]، كما أشارت الروايات إلى أنّ لبن الأمّ هو الأفضل للطفل، فعن رسول الله صلى الله عليه وآله وسلم، قال: «**ليس للصبيّ[2] لبن خير من لبن أمّه**»[3]. وبناء على ذلك ذكر الفقهاء في هذا المورد: «**أفضل ما رضع لبن أمّه**»[4].

كما اهتمّت الروايات بغذاء المرضعة فأكّدت على تناول التمر والرطب لما لذلك من آثار تربوية على هوية الطفل وإكسابه صفات ممدوحة كالحلم والذكاء و..

ورد عن أمير المؤمنين عليه السلام، قال: قال رسول الله صلى الله عليه وآله وسلم: «**ليكن أوّل ما تأكل النفساء الرطب، فإنّ الله قال لمريم:** ﴿وَهُزِّىٓ إِلَيْكِ بِجِذْعِ ٱلنَّخْلَةِ تُسَٰقِطْ عَلَيْكِ رُطَبًا جَنِيًّا﴾[5]»[6]..

وعن رسول الله صلى الله عليه وآله وسلم، قال: «**أطعموا المرأة في شهرها الذي تلد فيه التمر، فإنّ ولدها يكون حليماً نقيّاً**»[7].

بين الرضاعة الصناعية والرضاعة الطبيعية

إنّ المشكلة الأساسية التي نعاني منها في مجتمعنا الحالي أنّ الأمهات ابتعدن عن الرضاعة الطبيعية التي حثّت عليها الروايات الشريفة واستبدلنّها بالرضاعة الصناعية أيّ بارضاع الطفل بالحليب الصناعي من خلال القارورة الخاصّة بذلك، وهذا سلب لحقّ الطفل من

(1) سورة البقرة، الآية 233.

(2) يشمل الطفل والطفلة ولكن عادة ما تستعمل كلمة الصبي في الروايات من باب غلبة الاستعمال الذكوري في اللغة العربية، ولكن يكون المقصود الأعم من الذكر والأنثى، إلا مع وجود قرينة خاصة.

(3) الشيخ الصدوق، عيون أخبار الرضا، ج2، ص38.

(4) وعلّق السيد محمد العاملي على هذه العبارة بقوله: «وذلك لأنه أوفق بمزاجه، وأنسب بطبعه، لتغذيه منه في بطن أمه». العاملي، محمد بن علي، نهاية المرام في شرح مختصر شرائع الإسلام، تصحيح وتعليق مجتبى العراقي وعلي الاشتهاردي وحسين اليزدي، قم، مؤسسة النشر الإسلامي، 1413هـ، ط1، ج1، ص460.

(5) سورة مريم، الآية 25.

(6) الشيخ الكليني، الكافي، ج6، ص22.

(7) الشيخ الطبرسي، مكارم الأخلاق، ص169.

الناحية الصحيّة لأنّ الرضاعة تجعله يتمتّع بصحة بدنية جيدة، وفي الوقت نفسه حرمان له من الشحنات العاطفية والوجدانية من الناحية النفسية، وخاصّة أنّ للرضاعة الطبيعية دوراً في تفتّح استعدادات وقابليات الطفل، واستبدالها بالرضاعة الصناعية هو بحد ذاته حرمان للطفل من كل هذه الأمور.

كما أنّ الرضاعة الطبيعية تساهم في تعزيز صحّة الأمهات وعافيتّهنّ.. كما أنّها من السبل التغذوية المأمونة التي لا تضرّ بالبيئة[1].

أجر الأم المرضعة

من المهم أن تنظر الأم إلى الروايات التي تتحدث عن أجر المرضعة، لما في ذلك من ترغيب لها في الأجر الذي ينتظرها في هذا المقام، الأمر الذي يجعلها تتخطى كل الصعوبات في عملية الإرضاع بطيب خاطر، وممّا جاء في الروايات:

عن أبي عبد الله عليه السلام: إنّ رسول الله صلى الله عليه وآله وسلم قال: «**... فإذا أرضعت كان لها بكلّ مصّة كعدل عتق محرّر من ولد إسماعيل، فإذا فرغت من رضاعه ضرب ملك كريم على جنبها، وقال: استأنفي العمل فقد غُفر لك**»[2].

ويعتبر عدم الإرضاع نوعاً من سلب الحق للطفل، وقد عبرت بعض الروايات أنّه جور، فعن الإمام الصادق عليه السلام، قال: «**الرضاع واحد وعشرون شهراً، فما نقص فهو جور على الصبيّ**»[3].

هل حق الطفل في الرضاع واجب أم مستحب؟

تقدّم أنّ حق الطفل في الرضاعةالطبيعية هو من الحقوق الفطرية للطفل، ولكن طرح السؤال في هذه الفقرة هو من الناحية التشريعية القانونية، فهل يجب على الأم إرضاع ولدها أم أنّ الأمر ورد فيه استحباب فقط؟ وفي حال كان واجباً هل يجب ذلك على الأم نفسها أم أنه يجب على الأبّ تأمين مرضعة له؟ وقد ورد رأيان عند االفقهاء في هذا المقام:

(1) يراجع ما ورد عن منظمة الصحة العالمية على الرابط التالي: www.who.int/ar/htt.

(2) الشيخ الصدوق، الأمالي، ص497.

(3) الشيخ الكليني، الكافي، ج6، ص40.

- **الرأي الأول:** وجوب الإرضاع حولين كاملين: واستدلوا بالآية الكريمة قول الله تعالى: ﴿وَٱلۡوَٰلِدَٰتُ يُرۡضِعۡنَ أَوۡلَٰدَهُنَّ حَوۡلَيۡنِ كَامِلَيۡنِۖ لِمَنۡ أَرَادَ أَن يُتِمَّ ٱلرَّضَاعَةَۚ...﴾[1]. حيث استُفيد من الآية وجوب الإرضاع في الحولين»[2].
- **الرأي الثاني:** استحباب أن تكون الأم هي المرضعة: وهو المشهور عند فقهاء الشيعة، أنّ الإرضاع مستحبّ على الأم وليس واجباً، فإنّه أبرك من غيره...[3]، بشهادة قوله تعالى: ﴿فَإِنۡ أَرۡضَعۡنَ لَكُمۡ فَـَٔاتُوهُنَّ أُجُورَهُنَّ وَأۡتَمِرُواْ بَيۡنَكُم بِمَعۡرُوفٖۖ وَإِن تَعَاسَرۡتُمۡ فَسَتُرۡضِعُ لَهُۥٓ أُخۡرَىٰ﴾[4]، حيث علقت الأمر على مشيئة الأم.

(1) سورة البقرة، الآية 233.
(2) الأردبيلي، أحمد بن محمد، زبدة البيان في أحكام القرآن، تحقيق محمد باقر البهبودي، طهران، المكتبة المرتضوية لإحياء الآثار الجعفرية، لا.ت، لا.ط، ص556.
(3) الإمام الخميني، تحرير الوسيلة، ج2، ص312.
(4) سورة الطلاق، الآية 6.

المفاهيم الرئيسية

- ورد التأكيد والحثّ في الرؤية التربوية الإسلامية على استحسان الأسماء، واعتبرت أنّ من حقوق الطفل على وليّه اختيار الاسم الحسن له،، فعن أمير المؤمنين عليه السلام: «... **حقّ الولد على الوالد أن يُحسن اسمه...**»[1].
- يوجد بعض النصوص الروائية التي تتضمن بعض المعايير في استحباب تحديد الأسماء الحسنة التي يستحبّ إطلاقها على الطفل وتسميته بهامنها: استحباب تسمية الطفل بأسماء الأنبياء وأهل البيت عليهم السلام، فضلا عن تسمية الطفل كلّ اسم يفيد العبودية لله تعالى.
- لا يُمكن نزع الأسماء وخلعها بالكلّية - إيجاباً أو سلباً - عن أمرين:

الأول: ثوب معانيها اللغوية، فهي تحضر أحياناً مفهوماتها اللغوية في ذهن الإنسان.

الثاني: ثوب بعض الشخصيّات التاريخية والمشهورة، حيث إنّ التشابه في الأسماء يأخذ الذهن إلى دائرة التشابه في المعاني بين الشخصيّات.

الرّضاعة لغتا: شرب اللبن من الضرع أو الثدي»[2]، و «الرَّضع: مصّ الثدي شرب اللبن منه»[3]. ولا يُقال لمن شرب الحليب من غير الثدي أنه ارتضع.

أكدّت الراويات على أهمية اختيار المرضّعة بشكل دقيق لما في ذلك من آثار معنوية وروحية وبدنية على الطفل.

- إنّ الأم هي المرضعة الأفضل للطفل، ولها دور أساسيّ في بناء هذه الشخصيّة التربوية للطفل في سنين عمره الأولى.
- إنّ المشكلة الأساسية التي نعاني منها في مجتمعنا الحالي أنّ الأمهات ابتعدنا عن الرضاعة الإسلامية التي حثّت عليها الروايات الشريفة واستبدلنّها بالرضاعة الصناعية، وهذا سلب لحقّ الطفل من الناحية الصحيّة.

(1) نهج البلاغة، الحكمة 399.
(2) ابن زكريا، معجم مقاييس اللغة، ج2، ص400.
(3) الشيخ الطبرسي، مجمع البيان، ج2، ص111.

الدرس الخامس

الحثّ على تربية الأطفال وتعليمهم وتأديبهم

أهداف الدرس

على المتعلّم مع نهاية هذا الدرس أن:

1 . يتعرّف إلى دور الأهل في تربية الولد الصالح.

2 . يفهم النصوص الدينية التي تحثّ على حسن تربية الأطفال.

3 . يعرف حقّ الولد في التعليم ويلتزم به.

تمهيد

ركّزت الروايات كثيراً على مصطلح: «**الولد الصالح**»، منها ما ورد عن رسول الله ﷺ أنّ: «**الولد الصالح ريحانة من الله قسّمها بين عباده**»[1].

وعن رسول الله ﷺ: «**إذا مات ابن آدم، انقطع عمله إلا من ثلاث: ولد صالح يدعو له...**»[2].

واعتبر الولد الصالح من موجبات السعادة عند الوالدين، عن رسول الله ﷺ، قال: «**من سعادة الرجل الولد الصالح**»[3].

والولد الصالح يوجب الشفاعة لوالديه حتى بعد وفاتهما، عن رسول الله ﷺ قال: «**مرعيسى بن مريم** عليه السلام **بقبر يُعذّب صاحبه. ثم مرّ به من قابل**[4]**، فإذا هو ليس يُعذّب. فقال** عليه السلام**: يا رب، مررتُ بهذا القبر عام أول وهو يُعذّب، ومررتُ به العام وهو ليس يُعذّب؟! فأوحى الله جلّ جلاله إليه: يا روح الله، قد أدرك له ولد صالح فأصلح طريقاً وآوى يتيماً، فغفرت له بما عمل ابنه...**»[5].

وفي المقابل ذمّت الروايات ولد السوء واعتبرت أنّه مدعاة للوم والديه من قِبَل الناس في المجتمع على سلوكه وأخلاقه وتصرّفاته، عن الإمام الصادق عليه السلام، قال: «**... إنّ ولد السوء يُعيّر والده بعمله...**»[6].

---

(1) الشيخ الكليني، الكافي، ج6، ص2.

(2) الأحسائي، عوالي اللآلي، ج1، ص97. ويراجع: النسائي، أحمد بن شعيب، سنن النسائي بشرح جلال الدين السيوطي، بيروت، دار الفكر، 1348هـ - 1930م، ط1، ج6، ص251.

(3) الشيخ الكليني، الكافي، ج6، ص3.

(4) قابل: وقت لاحق.

(5) الشيخ الكليني، الكافي، ج6، ص4.

(6) م.ن، ج2، ص219.

مسؤولية الأهل في التربية

ينسب الولد في صلاحه وسوئه إلى والديه بالدرجة الأولى، فعندما يظهر منه أيّ تصرّف سيء ينبغي على الأهل عدم إلقاء اللوم عليه، بل يفترض بهم توجيه أصبع اللوم إلى أنفسهم، فلعلّهم لم يتحملوا المسؤولية التربويّة كما يجب، أو كان لديهم تقصير في العملية التربوية فلم تثمر ولدا صالحا بعد سنوات من التربية.

خاصّة إنّ سلوك الطفل غير المرغوب فيه ليس فطرياً بأصل الخلقة، بل هو مكتسب يتعلّمه من خلال التواصل مع البيئة الأسرية التي ينشأ فيها، والتي لها دور كبير في تشكيل هويته سلباً أو إيجاباً، فإحتكاكه بهذه البيئة يجعله مقلدا لأفعال والديه وحاكياً لهما قولاً وعملاً.

وقد جعل الإسلام جملة من الحقوق للولد على والديه منها: ما ورد عن الإمام علي بن الحسين زين العابدين عليه السلام: «**أمّا حقّ ولدك، فأنْ تعلم أنّه منك، ومضاف إليك في عاجل الدنيا بخيره وشرّه، وأنّك مسؤول عمّا ولّيته من حسن الأدب، والدلالة على ربّه عزّ وجلّ، والمعونة على طاعته، فاعمل في أمره عمل من يعلم أنّه مثاب على الإحسان إليه، معاقب على الإساءة إليه**»[1].

لذا من أهمّ مسؤوليّات الوالدين تجاه أطفالهم التربية الصالحة وفق المنهج الإسلامي، فلا يكفي الدعاء بالذرية الصّالحة دون العمل، فإنّ الطفل أمانة عند والديه، وقلبه الخالي من أيّ تلوث قابل لتلقي أيّ شيء يلقى إليه، وقد قال أمير المؤمنين - لولده الحسن عليه السلام -: «**إنّما قلب الحدث كالأرض الخالية، ما أُلقي فيها من شيء قبلته، فبادرتُك بالأدب قبل أن يقسو قلبك ويشتغل لبُّك**»[2].

(1) الشيخ الصدوق، من لا يحضره الفقيه، ج2، ص622. وفي نص آخر: «وأما حقّ ولدك فتعلم أنّه منك ومضاف إليك في عاجل الدنيا بخيره وشرّه، وأنّك مسؤول عمّا ولّيته من حسن الأدب والدلالة على ربّه والمعونة له على طاعته فيك وفي نفسه، فمثاب على ذلك ومعاقب، فاعمل في أمره عمل المتزيّن بحسن أثره عليه في عاجل الدنيا، المعذر إلى ربّه فيما بينك وبينه بحسن القيام عليه والأخذ له منه ولا قوّة إلا بالله». الحراني، ابن شعبة الحسن بن علي، تحف العقول، تعليق على أكبر الغفاري، بنيد القار- الكويت، مكتبة الأمين، 1425هـ - 2004م، ط1، ص293.

(2) نهج البلاغة، من وصية له لولده الحسن كتبه إليه بحاضرين منصرفاً من صفين، رقم269، ص526.

ومن هنا يجب على الوالدين تحمل مسؤولياتهم التربوية، حيث إنّ للولد حقّاً عليهما في التربية الحسنة، عن رسول الله ﷺ: «**إنّ لولدك عليك حقّاً**»[1].

فلا يحق للوالدين التذرّع بأسباب خارج الأسرة للهروب من هذه المسؤولية، فيلقون التهمة تارة على المدرسة، وأخرى على الأصدقاء، وثالثة على الأقارب، ورابعة على الجمعية الكشفية...إلخ، لأنّه يقع على عاتق الأهل اختيار المدرسة المناسبة والأصدقاء اللائقين والجمعية الكشفية الملائمة لتكون بيئات حاضنة للنمو الصالح لأبنائهم.

يقول السيد محمد رضا الكلبايكاني: «إنّ وظيفة الوالدين تأديب أولادهم وتربيتهم على الأخلاق الكريمة والآداب الحسنة، وتمرينهم وتعويدهم على كرائم العادات وفعل الحسنات ومنعهم عن كلّ عمل يضرّ بأنفسهم وبغيرهم، وعلى وليّ الأطفال تكميل نفوسهم[2] وسوقهم إلى ما فيه صلاحهم وسدادهم»[3].

لذلك فقد حثّ الإسلامُ الأهلَ على حسن تربية الأبناء وتعليمهم وتأديبهم، سواء أكانوا ذكوراً أم إناثاً.

التعليم حقّ للولد على والديه

ورد الحثّ على تأديب الأطفال والأبناء وتعليمهم في أحاديث، نذكر منها:

- عن النبيّ ﷺ، قال: «**رحم الله عبداً أعان ولده على برّه بالإحسان إليه، والتآلف له، وتعليمه وتأديبه**»[4].
- وعنه ﷺ: «**يا عليّ، حقّ الولد على والده أن يُحسن اسمه، وأدبه، ويضعه موضعاً صالحاً**»[5].

(1) النيسابوري، مسلم بن الحجاج، الجامع الصحيح (صحيح مسلم)، بيروت، دار الفكر، لا.ت، لا.ط، ج3، ص163.
(2) ذكرنا أدلة ذلك في المباحث السابقة.
(3) الجهرمي، علي الكرمي، الدر المنضود في أحكام الحدود، تقريرات أبحاث السيد محمد رضا الكلبايكاني، قم، دار القرآن الكريم، 1414هـ، ط1، ج2، ص282.
(4) الميرزا النوري، مستدرك الوسائل، ج15، ص169.
(5) الشيخ الصدوق، من لا يحضره الفقيه، ج4، ص372.

- وعن الإمام عليّ عليه السلام، قال: «**حقّ الولد على والده:... ويُعلّمه القرآن**»[1].
- وعن الإمام الصادق عليه السلام، قال: «**كان أمير المؤمنين يُعجبه أن يروى شعر أبي طالب، وأن يُدوّن، وقال: تعلّموه، وعلّموه أولادكم، فإنّه كان على دين الله، وفيه علم كثير**»[2].

ولم يفرّق في هذا الأمر بين الذكور والإناث، عن رسول الله صلى الله عليه وآله وسلم: «**من عال ثلاث بنات، فأدّبهنّ، ورحمهنّ، وأحسن إليهنّ، فله الجنّة**»[3].

إلى غيرها من الروايات التي تحثّ على تعليم وتأديب الأطفال في مجالات مختلفة حتّى تتشكّل هويّة الطفل بنحو يكون ناتج وحاصل عملية التربية «ولداً صالحاً».

ويظهر من خلال ما تقدّم من الروايات أنّ من حقّ الطفل على الأهل تعليمه. وقد حثّ الإسلام على هذا الحقّ قبل أيّ إعلان أو اتّفاق حقوقيّ عالميّ يتعرّض لحقوق الطفل، فمثلاً تنصّ المادة 26 من الإعلان العالميّ لحقوق الإنسان لعام 1948م على أن: «**لكلّ طفل الحقّ في التعليم، ويجب أن يوفّر التعليم مجّاناً...**»، في حين نصّ الإمام زين العابدين عليه السلام (ت: 95هـ/ 713م) على ذلك في رسالة الحقوق قبل ذلك بمئات السنين، حيث قال: «**وأمّا حقّ الصغير فرحمته وتثقيفه وتعليمه...**»[4].

لذا يجب على الأهل أيضاً اختيار الموضع العلميّ الصالح للطفل (كالمدرسة). عن رسول الله صلى الله عليه وآله وسلم: «**حقّ الولد على والده... ويضعه موضعاً صالحاً**»[5].

كما ينبغي لهم تحمّل المسؤولية إلى جانب المدرسة لما لدور الأهل من أهمّية في تشكيل هويّة الطفل أيضاً، وهذا يقتضي أن يسعى الأهل لرفع مستواهم العلميّ من خلال طلب العلم وتثقيف أنفسهم، لما لذلك من أثر على تحفيز الأولاد على طلب العلم وحبّهم له.

---

(1) نهج البلاغة، باب في غريب كلامه المحتاج إلى تفسير، ح 399.

(2) الحر العاملي، الشيخ محمد بن الحسن، تفصيل وسائل الشيعة إلى تحصيل مسائل الشريعة، قم، مؤسسة آل البيت لإحياء التراث، 1414هـ، ط2، ج17، ص331، ح22691.

(3) ابن حنبل، أحمد، مسند أحمد، بيروت، دار صادر، لا.ت، لا.ط، ج3، ص97.

(4) ابن شعبة الحراني، تحف العقول، ص270.

(5) الشيخ الصدوق، من لا يحضره الفقيه، ج4، ص372.

ويظهر من المناخ العام للروايات، خصوصاً روايات الثلاث سبعات، أن تعليم الطفل بمعنى إدخاله إلى المدرسة، يبدأ من المرحلة العمرية الثانية في العملية التربوية، أي في السنّ السابعة من عمره. عن الإمام جعفر الصادق عَلَيْهِ السَّلَامُ، قال: «**الغلام يلعب سبع سنين، ويتعلّم الكتاب سبع سنين، ويتعلّم الحلال والحرام سبع سنين**»[1].

(1) الشيخ الكليني، الكافي، ج6، ص47.

المفاهيم الرئيسة

- ركّزت الروايات كثيراً على مصطلح: «الولد الصالح»، منها ما ورد عن رسول الله ﷺ: **«إنّ الولد الصالح ريحانة من الله قسّمها بين عباده»**.
- ذمّت الروايات ولد السوء واعتبرت أنّه مدعاة للوم والديه من قِبَل الناس في المجتمع على سلوكه وأخلاقه وتصرّفاته، عن الإمام الصادق عليه السلام، قال: **«... إنّ ولد السوء يُعيِّر والده بعمله...»**.
- إنّ الولد سواء كان صالحاً أو سيئاً فإنّ هذا الأمر يعود بالدرجة الأولى إلى والديه، حيث إنّ لهما الدور الرئيس في صلاحه أو سوئه، فعندما يظهر من الولد أيّ تصرف سيّئ ينبغي للأهل عدم إلقاء اللوم على الولد دون توجيه اللوم إلى أنفسهم، فلعلّهم لم يتحمّلوا المسؤولية كما يجب، أو كان لديهم تقصير في العملية التربوية التي لم تثمر ولداً صالحاً بعد سنوات من التربية.
- ورد الحثّ على تأديب الأطفال والأبناء وتعليمهم في العديد من الأحاديث والروايات، نذكر منها: عن رسول الله ﷺ، قال: **«رحم الله عبداً أعان ولده على برّه بالإحسان إليه، والتآلف له، وتعليمه وتأديبه»**.
- إنّ من حقّ الطفل على الأهل تعليمه. وقد حثّ الإسلام على هذا الحقّ قبل أيّ إعلان أو اتّفاق حقوقيّ عالميّ يتعرّض لحقوق الطفل.
- يجب على الأهل تحمّل المسؤولية إلى جانب المدرسة لما لدور الأهل من أهمّية في تشكيل هويّة الطفل أيضاً. وهذا يقتضي أن يسعى الأهل لرفع مستواهم العلميّ من خلال طلب العلم وتثقيف أنفسهم، لما لذلك من أثر على تحفيز الأولاد على طلب العلم وحبّهم له.

الدرس السادس

العوامل المؤثّرة في شخصيّة الطفل

أهداف الدرس

على المتعلّم مع نهاية هذا الدرس أن:

1. يتعرّف إلى مفهوم البيئة وأنواعها.
2. يتعرّف إلى مدى تأثير البيئة البشرية في تشكيل هويّة الطفل.
3. يفهم دور عامل الوراثة في نقل الصفات إلى الطفل.

تمهيد

تعتبر البيئة والوراثة من جملة العوامل الأساس المؤثّرة في تشكيل شخصية الطفل وبنيته الفكرية والروحية.

فما هو تعريف البيئة والوراثة؟ وما مدى تأثيرهما على تشكيل هويّة الطفل؟

تعريف البيئة

البيئة في اللغة العربية من فعل بوأ، أي نزل في المكان وأقام به واتّخذه منزلاً له[1].

أمّا اصطلاحاً[2]: فهي المحيط أو الحيّز الجغرافيّ - الاجتماعيّ الذي يعيش الطفل فيه، ويحصل - بما يحويه من موارد - على مقوّمات حياته، ويُمارس أنشطته وعلاقاته كافّة مع الأشياء والكائنات الحيّة المختلفة المحيطة به.

أنواع البيئة

إنّ للبيئة أنواعاً متعدّدة، كالبيئة الجغرافية، والثقافية، والاجتماعية، والصناعية... إلخ: وسوف نسلّط الضوء على أهمّها، وهي:

- **البيئة الطبيعية:** المحيط الخارجيّ الذي خلقه الله تعالى بما يحويه من كواكب وكائنات ونباتات وحيوانات...

---

(1) يراجع: ابن منظور، محمد بن مكرَّم، لسان العرب، تصحيح أمين محمد عبد الوهاب ومحمد الصادق العبيدي، بيروت، دار إحياء التراث العربي ومؤسسة التاريخ العربي، 1417هـ - 1997م، ط2، ج1، ص39، مادة بوأ.

(2) أنظر حول التعريفات المختلفة: عطية، ممدوح حامد، إنهم يقتلون البيئة، القاهرية، الهيئة المصرية العامة، 1997م، ص17-18.

- **البيئة البشرية:** التي بناها الإنسان وشيّدها بيديه ليعيش فيها، وتشمل البيئة المادية والثقافية والاجتماعية.

وبعبارة أخرى تشمل البيئة البشرية أموراً أربعة:

1. الأفراد بما هم أفراد.
2. النظرة التركيبية للأفراد بما هم مضطرّون للعيش المشترك في حيّز جغرافيّ واحد... فيتشكّل المجتمع بدوائره المختلفة.
3. التراث الإنسانيّ المتراكم عبر التاريخ في المجالات المعرفية المختلفة من فلسفة وفنون وقانون وطبّ ورياضيات و...، والسلوكية أيضاً كالعادات والتقاليد وأنماط الحياة.
4. المنجزات الماديّة للحضارة البشرية ومخترعات الإنسان من أبنية وجسور ومصانع ومؤسسات... إلخ.

دور البيئة البشرية في تشكيل هويّة الطفل

يخرج الطفل من بطن أمّه كالأرض الخالية، عن الإمام عليّ بن أبي طالب عليه السلام: «**إنّما قلب الحَدَث كالأرض الخالية ما أُلقي فيها من شيء قبلته**»[1].. فحاسّة التقبّل عند الطفل شديدة إلى درجة أنّه أشبه بعدسة التصوير[2]، تعكس صورة المجتمع الذي تعيش فيه.

فالمحيط الاجتماعيّ الذي ينشأ الطفل في مجاله بمؤسّساته كافّة: - الأسرة، الحيّ، الجيران، الأقارب، المدرسة، الأصدقاء... بالإضافة إلى عنصر خاصّ أصبح حاضراً بقوّة في عصرنا، وهو العالم الافتراضيّ من الإنترنت وصفحات الفايس بوك والبرامج التلفزيونية... - يلعب دوراً بارزاً في تحديد ملامح هويّة الطفل الذهنية والنفسية والقيمية والسلوكية والوجدانية... فالطفل لم يكتسب تصوّراته وعقائده واتّجاهاته وقيمه وسلوكاته ومهاراته من تلقاء نفسه بل بفعل تأثّره بالمحيط الخارجيّ، فتتشكّل لوحة شخصيّته بفعل الانفعال والتأثّر بالبيئة الاجتماعية.

---

(1) نهج البلاغة، من وصية له لولده الحسن.

(2) يراجع: فلسفي، محمد تقي، الطفل بين الوراثة والتربية، تعريب فاضل الحسيني الميلاني، لا.م، مكتبة الأوحد، 1426هـ - 2005م، ط1، ج1، ص196.

فحتّى الفطرة التوحيدية الصافية التي أودعها الله بأصل الخلقة في نفس الطفل لا تصمد أمام تأثيرات روح البيئة الأسرية والمجتمعية، عن الإمام جعفر الصادق عليه السلام، قال: «**ما من مولود يولد إلّا على الفطرة فأبواه يُهوّدانه ويُنصّرانه ويُمجّسانه...**»[1]. فهذا الحديث يُقدّم مؤشّراً واضحاً على الدور الذي تلعبه البيئة الأسرية في التأثير على رسم المعالم العامّة لشخصية الطفل، وكذلك الأمر بالنسبة للبيئة الاجتماعية العامة. وفي هذا السياق ورد عن الإمام جعفر الصادق عليه السلام قال: «**بادروا أولادكم بالحديث قبل أن يسبقكم إليهم المرجئة**»[2].

وباختصار: «لا أحد يستطيع أن يُنكر أصل تأثير ونفوذ البيئة الاجتماعية في تكوين شخصية كلّ واحد من أفراد الإنسان، وأنّ هذا التأثير والنفوذ عميق وشامل بالنسبة للأكثرية الساحقة من الناس، فلا ريب أنّ الفرد في كثير من الأحيان تابع ومحكوم لإرادة المجتمع»[3].

ولكن تجدر بنا الإشارة إلى أنّ المجتمع وإن كان مؤثّراً في تكوين شخصيّة الطفل إلّا أنّ هذا لا يعني أنّه يصل إلى حدّ الجبر الاجتماعيّ الذي يسلب من الإنسان عنصرَي الإرادة الحرّة والاختيار.

المسؤولية التربوية للأهل

ما تقدّم، يضع الوالدين أمام مسؤولية تربوية عظيمة تتجلّى في أربعة أمور:

- **الأول:** تربية الطفل على التفكير النقديّ والاستدلال الحرّ حتّى تتكوّن لديه ملكة تمكّنه من التمييز بين الصحيح والخطأ والحسن والقبيح..
- **الثاني:** تقوية الإرادة وتصليبها في شخصية الطفل، حتّى تكون لديه قوّة وقدرة على مواجهة ومقاومة ما يُعايشه في المجتمع، بل وقدرة على التغيير والتأثير أيضاً.

---

(1) الشيخ الصدوق، من لا يحضره الفقيه، ج2، ص49، ح1668.

(2) الشيخ الكليني، الكافي، ج6، ص47.

(3) اليزدي، محمد تقي مصباح، النظرة القرآنية للمجتمع والتاريخ، تعريب محمد عبد المنعم الخاقاني، بيروت، دار الروضة، 1416هـ - 1996م، ط1، ص49.

- **الثالث:** تهيئة البيئة الأسرية الصالحة الحاضنة لتنمية الطفل، لأنّ الطفل يرى في أبويه النموذج الذي يحتذي به، وهذا يستلزم أن تكون العلاقة بين الأب والأمّ وكذلك مع الإخوة قائمة على القيم الإسلامية من الاحترام المتبادل...، فلا يُظهران أمام الطفل أيّ سلوك سلبيّ، لأنّ هذا يؤثّر على شخصيّة الطفل من جهتين:

أ. محاكاته لهما، فإنّ الطفل إذا عاش ضمن أسرة مفكّكة تقوم خطوط العلاقات بين أفرادها على الصراخ والغضب والشجار وسوء الخلق.. سيبني علاقاته مع الأشياء المادية والبشرية من حوله من خلال نفس الأساليب السلبية الموجودة داخل الأسرة...

ب. أنّ الطاقة السلبية أو الإيجابية في البيت تعكس نفسها على باقي الأفراد سلباً أو إيجاباً، وهذا الأمر يشعر به الإنسان بالوجدان نتيجة تراكم الحالات والخبرات الشخصية.

- **الرابع:** البحث عن الموضع الحسن والبيئة الصالحة لوضع الطفل فيها ليوفّر بذلك لطفله المناخ والظروف الملائمة لتشكّل وتسامي هويّته بنحو صالح وحسن.

عن رسول الله صلى الله عليه وآله وسلم قال: «**يا عليّ، حقّ الولد على والده أن يُحسن اسمه، وأدبه، ويضعه موضعاً صالحاً**»[1].

البيئة الطبيعية وأثرها على الطفل

إنّ تأثير البيئة الطبيعية في البعد الجسمانيّ للطفل[2] من المسائل البديهية التي أثبتها العلم التجريبيّ. والطفل عنصر من مكوّنات النظام البيئيّ الطبيعيّ، فعلى سبيل المثال لا يمكن لأحد أن ينكر تأثير عوامل المناخ من حرارة وبرودة و... على نمط الحياة الإنسانية، أو ينفي التأثير السلبيّ لتلوّث المياه والهواء... على الأمن الغذائيّ للطفل، فضلاً عن كون البيئة الطبيعية تلعب دوراً أساساً في البعد الذهنيّ والمزاجيّ والنفسيّ و.. للطفل، حيث

(1) الشيخ الصدوق، من لا يحضره الفقيه، ص784، كتاب الفرائض، باب النوادر، ح5764، فقرة14.

(2) يراجع: اليزدي، محمد تقي مصباح، النظرة القرآنية للمجتمع والتاريخ، ص207-208.

تلعب دوراً بارزاً في مساعدة الطفل على استكشاف الأشياء من حوله، الأمر الذي يساهم في تنمية طاقاته وكذلك الاستعدادات الذهنية، والنفسية، والمهاراتية...، ولكن هذا لا يعني أنّ البيئة تشكّل ملامح شخصيّة الطفل بنحو لا يكون إلاّ عنصراً متلقيّاً ومنفعلاً.

فالبيئة لها تأثيرها على الطفل ولكن ليس على نحو أنّها العنصر الوحيد الذي يشكّل هويّة الطفل بطريقة حتمية، فالإسلام لا يقرّ حتمية تأثير عنصر واحد فقط بل يعتمد النظرة الشمولية التي بمجموعها تساهم في تشكيل الهوية الشخصية للطفل، وكما يعبّر السيّد محمّد باقر الصدر أنّ التصوّرات التي اعتمدت العامل الواحد في فهم الإنسان باءت بالفشل، معتبراً أنّ «كلّ هذه المحاولات لا تتّفق مع الواقع، ولا يقرّها الإسلام، لأنّ كلّ واحد منها حاول أن يستوعب بعامل واحد تفسير الحياة الإنسانية كلّها»[1].

تأثير العامل الوراثيّ في هويّة الطفل

ومن جملة هذه العوامل التي لها الدور الأبرز في تحديد معالم هوية الطفل عامل الوراثة، ويعتبر من العناصر الرئيسة التي يتمّ البحث عن مدى تأثيرها في صناعة شخصيّة الطفل عند علماء التربية والنفس والاجتماع والبيولوجيا، فما هي الوراثة؟ وما هو الدور الذي تلعبه في رسم معالم ماهية الطفل؟

تعريف الوراثة

الوراثة في اللغة عبارة عن انتقال شيء جزءاً أو كلّاً من شخص أو موضوع إلى آخر مادياً أو معنوياً[2].

والمدلول الاصطلاحيّ للكلمة لا يختلف في المضمون عن المعنى اللغويّ.

وقد أصبح موضوع الوراثة اليوم محوراً مستقلّاً لعلم خاصّ من فروع علم الأحياء أطلق عليه وليام باتسون مصطلح: «علم الوراثة»، ووظيفته دراسة الصفات التي يتمّ

(1) يراجع: الصدر، السيد محمد باقر، اقتصادنا، بيروت، دار التعارف، 1411هـ - 1991م، ص55.

(2) المصطفوي، حسن، التحقيق في كلمات القرآن الكريم، لا.م، مؤسسة الطباعة والنشر وزارة الثقافة والإرشاد الإسلامي، 1417هـ، ط1، ج13، ص77.

انتقالها من الآباء إلى الأبناء، وكيفية ذلك الانتقال، وتفسير أسباب التشابه والاختلاف بين من تجمعهم صلة القرابة.

قانون الوراثة

1. قانون الوراثة بيولوجياً:

من الأمور الثابتة في البحث البيولوجيّ أنّ قانون الوراثة الطبيعيّ المتعلّق بنقل الخصائص والصفات الجسمانية من الآباء والأجداد للأبناء والأحفاد، لا شكّ في صحّته وبداهته، وقد كشفت الروايات الواردة عن أهل البيت عليهم السلام هذا الأمر خصوصاً الوارد فيها لفظ: «**العرق**»، منها: ما ورد في الحثّ على حسن اختيار الزوجة، كقول النبيّ صلى الله عليه وآله وسلم: «**تخيّروا لنطفكم، فإنّ العرق دسّاس**»[1]، حيث اعتبر بعض العلماء أنّ هذا الحديث يُسلّط الضوء على قانون الوراثة بشكل صريح باعتبار الترادف بين العرق والوراثة[2]. ومعنى العرق معروف، وهو أيضاً في اللغة أصل كلّ شيء وما يقوم عليه[3]، ودسّاس من الدسّ أي أدخل الشيء في الشيء بخفاء، ومفاد الحديث أنّ هناك خصائص معيّنة تنتقل بالنسب من الأصل وتدخل إلى الفرع.

2. قانون الوراثة ذهنياً ونفسياً وسلوكياً:

اتّضح ممّا تقدم أنّ عامل الوراثة له أثره البيولوجيّ على شخصية الطفل، لكن يبقى السؤال: هل تشمل الوراثة انتقال الخصائص غير الجسمانية إلى الذرّية، كالخصائص الذهنية والصفات النفسية والسلوكية... إلخ؟ وعلى فرض انتقالها هل يُمكن للإنسان بإرادته الحرّة واختياره نقض قانون الوراثة الطبيعيّ؟

(1) الحلي، محمد بن منصور، السرائر، قم، مؤسسة النشر الإسلامي التابعة لجماعة المدرسين بقم المشرفة، 1410هـ، ط2، ج2، ص559. والفيض الكاشاني، محمد بن المرتضى، المحجة البيضاء في تهذيب الأحياء، تصحيح وتعليق علي أكبر الغفاري، بيروت، منشورات مؤسسة الأعلمي للمطبوعات، 1403هـ - 1983م، ط2، ج3، ص93.

(2) فلسفي، محمد تقي، الطفل بين الوراثة والتربية، ج1، ص61. والجواهري، حسن، بحوث في الفقه المعاصر، ج3، ص162.

(3) الزبيدي، محمد مرتضى، تاج العروس من جواهر القاموس، تحقيق علي شيري، بيروت، دار الفكر، 1414هـ - 1994م، لا.ط، ج13، ص324.

للإجابة عن هذا السؤال لا بدّ أن نشير إلى مسألة أساس وهي وجود علاقة اتّحاد بين نفس الإنسان وبدنه، بمعنى أنّ كل واحد يتأثر بالآخر، وهذا يعني بالنتيجة أنّ الصفات والخصائص الجسمانيّة ستؤثّر على الصفات الذهنية أيضاً.

يقول الشيخ جعفر السبحاني: «إنّ الأولاد كما يرثون أموال الآباء وثرواتهم، يرثون أوصافهم الظاهرية والباطنية، فترى أنّ الولد يُشبه الأب أو العمّ، أو الأُمّ أو الخال... وعلى ذلك فالروحيات الصالحة أو الطالحة تنتقل من طريق الوراثة إلى الأولاد، فنرى ولد الشجاع شجاعاً، وولد الجبان جباناً إلى غير ذلك من الأوصاف الجسمانية والروحانية»[1]. ومن أدلّتهم على ذلك ما روي عن النبيّ ﷺ: **«انظر في أيّ شيء تضع ولدك فإنّ العرق دسّاس»**[2]. وقد عقّب الإمام الخمينيّ على هذا الحديث بقوله: **«والمراد من الدسّاس أنّ أخلاق الآباء تصل إلى الأبناء»**[3].

التمييز بين وراثة الاستعدادات والملكات

ويظهر ممّا تقدم أنّه لا ريب في أنّ لبعض الخصائص البدنية والأمراض الجسمية دوراً في الحالات الذهنية والصفات النفسية للإنسان. وقد أثبت ذلك بالتجارب العلمية. كما أنّه لا ريب في أنّ صفات الآباء والأمّهات تلعب دوراً مؤثّراً في تكوين استعدادات خاصّة عند الطفل تجعله أقرب إلى بعض الصفات منها إلى صفات أخرى[4]. كما يظهر من الروايات الواردة عن أهل البيت ﷺ.

وتجدر الإشارة إلى أنّ هناك فرقاً بين القول بأنّ هذه الصفات تلعب دوراً في تشكيل استعدادات خاصة في هوية الطفل، والقول بأنّها هي نفسها تنتقل إلى الطفل، فالموروث هو الاستعداد الخاصّ دون الصفات بما هي صفات، والاستعداد الخاصّ الموروث لا ينمو تلقائياً بل يتفتّح بالتربية والبيئة الحاضنة.

(1) السبحاني، جعفر، عصمة الأنبياء في القرآن الكريم، قم، مؤسسة الإمام الصادق، 1420هـ، ط2، ص33.

(2) الهندي، علي المتقي، كنز العمال، ضبط وتفسير بكري حياني، تصحيح صفوة السقا، بيروت، مؤسسة الرسالة، 1409هـ - 1989م، ج15، ص855.

(3) السبحاني، جعفر، لب الأثر في الجبر والقدر تقريراً لمحاضرات الإمام الخميني، ص120.

(4) م.ن، ص114.

لذا يعتقد بعض العلماء بعدم وجود دليل على انتقال الصفات المكتسبة من الآباء والأمّهات إلى الأبناء، بل الدليل على العدم لأنّ الصفات المكتسبة لا تورّث[1].

وفي الواقع هناك اتّجاهان في هذا الأمر، **الأول:** ما ذهب إليه بعض علماء الاجتماع من أنّ الصفات الوراثية تنتقل كما هي إلى الطفل، بينما أصحاب القول الثاني نفوا أيّ دور للوراثة في بناء هوية الطفل.

والحق أنّه لا يوجد أيّ دليل علميّ أو قرآنيّ وروائيّ على انتقال الخصائص بالوراثة كما هي كملكات، كما أنّه لا يمكن نفي تأثير عامل الوراثة على شخصيّة الطفل فيمكن أن نختار رأياً ثالثاً وسطيّاً وهو أنّ لكلّ من الوراثة والبيئة والتربية دوراً خاصّاً في بناء شخصية الطفل.

دور الوراثة والبيئة والتربية

فالوراثة كما أشارت الروايات الشريفة لها دورها الخاصّ في هذا المجال، حيث إنّ خصائص الأب/الأم توجد استعداداً معيّناً لدى الطفل وهذا ما يسمّى بالاستعدادات الوراثية، إلاّ أنّها لا تسلبهم الإرادة والاختيار، بل يمكن من خلال التربية توجيه الطفل باتّجاه مغاير لذلك الاستعداد الموجود عنده بالوراثة.

فشخصيّة الطفل لا تتشكّل من عامل واحد، بل هناك مجموعة من العوامل تتداخل فيما بينها لتشكّل هوية الطفل وأهمها عامل التربية «فثمّة مؤمنون ولدوا لآباء غير مؤمنين، وآخرون مفسدون وأشرار ولدوا لآباء من المتّقين الأخيار، ناقضين قانون الوراثة بإرادتهم واختيارهم»[2].

---

(1) الصدر، السيد محمد باقر، فلسفتنا، بيروت، دار التعارف للمطبوعات، 1400هـ - 1980م، ط10، ص312-315.

(2) الشيرازي، الشيخ ناصر مكارم، الأمثل في تفسير كتاب الله المنزل، قم، مدرسة الإمام علي بن أبي طالب، 1426هـ، ط1، ج4، ص396.

الاستعدادات الموروثة

يمكننا أن نقسّم الاستعدادات الموروثة إلى قسمين:

الأول: استعدادات لها طبيعة بيولوجية تنعكس على الخصائص الذهنية كالحمق والتخلّف العقليّ، وكلّما تقدّم العلم التجريبيّ والعلوم الطبية أمكن معالجة ذلك. ولكن بما أنّ هذا التطور لا ينال بعض الأماكن لذلك ستبقى هذه الاستعدادات غير قابلة للتغيير.

الثاني: استعدادات قابلة للتغيير سواء كان ذلك بصعوبة أو سهولة.

ولكن ما يتركه الآباء والأمّهات في هذا المجال ينقسم إلى نوعين:

أ. ما يفرض على الأولاد فرضاً لا يُمكن إزالته مثل الحمق، والبلادة، والعقل والذكاء.. ممّا لا يُمكن إزالته في الأغلب بالجهود التربوية والإصلاحية.

ب. ما يرثه الأولاد على وجه الأرضية، فيُمكن إزالة آثاره بالوسائل التربوية والطرق العلمية وذلك كالأمراض الموروثة كالسلّ وغيره من الحالات الروحية كالتمرّد والعدوانيّة. فليس كل ما يرثه الأولاد من الآباء والأمّهات مصيراً لازماً وقضاء حتماً، بل هناك إرادة الإنسان واختياره وسائر العوامل التربوية المغيّرة لأرضية الوراثة[1].

(1) المكي، حسن محمد، الإلهيات على ضوء الكتاب والسنة العقل (محاضرات الشيخ جعفر السبحاني)، بيروت، الدار الإسلامية، 1410هـ - 1990م، ط1، ج1، ص662.

المفاهيم الرئيسة

- إنّ هناك العديد من العوامل التي لها دورها التأثيريّ في تربية الطفل وتنشئته وأبرزها البيئة، والبيئة هي العوامل الخارجية التي تؤثّر في الإنسان وتشمل كلّ العوامل المحيطة به من مظاهر مادية، وأنماط حياتية، واجتماعية وثقافية.

- البيئة في اللغة العربية من فعل بوأ، أي نزل في المكان وأقام به واتّخذه منزلاً له [1]

- أمّا اصطلاحاً [2]: المحيط أو الحيّز الجغرافيّ - الاجتماعيّ الذي يعيش فيه الطفل، ويحصل فيه -بما يحويه من موارد - على مقوّمات حياته.

- المحيط الاجتماعيّ الذي ينشأ الطفل في مجاله بمؤسّساته كافّة: الأسرة، الحيّ، الجيران، الأقارب، المدرسة، الأصدقاء...... يلعب دوراً بارزاً في تحديد ملامح هويّة الطفل الذهنية والنفسية والقيمية والسلوكية والوجدانية..

- إنّ تأثير البيئة الطبيعية في البعد الجسمانيّ للطفل [3] من المسائل البديهية التي أثبتها العلم التجريبيّ، والطفل عنصر من مكوّنات النظام البيئيّ الطبيعيّ.

- الوراثة في اللغة عبارة عن انتقال شيء جزءاً أو كلّاً من شخص أو موضوع إلى آخر مادياً أو معنوياً [4]. والمدلول الاصطلاحيّ للكلمة لا يختلف في المضمون عن المعنى اللغويّ.

- لا يوجد أيّ دليل علميّ أو قرآنيّ وروائيّ على انتقال الخصائص بالوراثة كما هي، كما أنّه لا يمكن نفي تأثير عامل الوراثة على شخصيّة الطفل ولكن يمكن أن نختار رأيًا ثالثا وسطيًا وهو أنّ لكلّ من الوراثة والتربية دوراً خاصًا في بناء شخصية الطفل.

---

(1) يراجع: ابن منظور، لسان العرب، ج1، ص39، مادة بوأ.
(2) أنظر حول التعريفات المختلفة: عطية، ممدوح حامد، إنهم يقتلون البيئة، ص17-18.
(3) يراجع: اليزدي، محمد تقي مصباح، النظرة القرآنية للمجتمع والتاريخ، ص207-208.
(4) المصطفوي، التحقيق في كلمات القرآن الكريم، ج13، ص77.

الدرس السابع

المراحل العمرية للطفل

أهداف الدرس

على المتعلّم مع نهاية هذا الدرس أن:

1. يحدّد مرحلتي بداية ومنتهى الطفولة لغةً واصطلاحاً.
2. يتعرّف إلى المراحل العمرية وفق المنهج الروائيّ.
3. يتعرّف إلى معايير التمييز عند الطفل في الإسلام.

تمهيد

إنّ الطفولة هي المرحلة العمرية الأولى من حياة الإنسان، وهي أولى بالرعاية والاهتمام من قبل القيّمين على العملية التربوية (الأب، والأمّ)، لذلك لا بدّ من بيان المعنى اللغويّ والإصطلاحيّ والوضعيّ للطفولة لتسهيل فهم العملية التربوية، وكذلك التعرّف على تقسيمات المراحل العمرية للطفل لما لذلك من دور رئيس في نجاح العملية التربوية وتحقيق الأهداف المرجوّة منها، لأنّ لكل مرحلة نهجاً خاصّاً يتماشى مع النموّ العقليّ والنفسيّ والجسديّ عند الإنسان.

وهناك تقسيمات عدّة عند علماء النفس والتربية وآراء مختلفة في هذا المجال، إلاّ أنّ المنهاج الإسلاميّ المستمدّ من الثقلين القرآن الكريم والعترة الطاهرة عليهم السلام يبقى المنهج الأقوم في مراحل العملية التربوية كافّة، فماذا تعني الطفولة؟ وما هي المراحل العمرية للطفل؟

الطفل في اللغة

الطفل في اللغة بمعنى الصغير من كلّ شيء أو من أولاد الناس خاصّة.

- قال الفراهيديّ (100-175هـ): «الطِّفل: الصغير من الأولاد للناس...»[1].
- وقال الفيروزآباديّ (ت817هـ): «الطفل بالكسر: الصغير من كلّ شيء أو المولود»[2].

(1) الفراهيدي، الخليل بن أحمد، العين، تحقيق مهدي المخزومي وإبراهيم السامرائي، إيران، مؤسسة دار الهجرة، 1409هـ، ط2، ج7، ص428.

(2) الفيروز آبادي، محمد بن يعقوب، القاموس المحيط في اللغة، بيروت، دار الجيل، لا.ت، لا.ط، ج4، ص7.

مفردة الطفل في القرآن الكريم

وردت مفردة الطفل في القرآن الكريم في موارد أربعة جاءت ثلاثة منها بصيغة المفرد وواحدة بصيغة الجمع، وكلّها تشير إلى الفئة العمرية للطفل من الولادة حتّى سنّ البلوغ، وهي:

1- قال الله تعالى: ﴿فَإِنَّا خَلَقْنَٰكُم مِّن تُرَابٍ ثُمَّ مِن نُّطْفَةٍ ثُمَّ مِنْ عَلَقَةٍ ثُمَّ مِن مُّضْغَةٍ مُّخَلَّقَةٍ وَغَيْرِ مُخَلَّقَةٍ لِّنُبَيِّنَ لَكُمْ وَنُقِرُّ فِى ٱلْأَرْحَامِ مَا نَشَاءُ إِلَىٰ أَجَلٍ مُّسَمًّى ثُمَّ نُخْرِجُكُمْ طِفْلًا...﴾ [1].

2- ﴿هُوَ ٱلَّذِى خَلَقَكُم مِّن تُرَابٍ ثُمَّ مِن نُّطْفَةٍ ثُمَّ مِنْ عَلَقَةٍ ثُمَّ يُخْرِجُكُمْ طِفْلًا...﴾ [2].

3- ﴿وَلَا يُبْدِينَ زِينَتَهُنَّ إِلَّا لِبُعُولَتِهِنَّ أَوْ ءَابَآئِهِنَّ... أَوِ ٱلطِّفْلِ ٱلَّذِينَ لَمْ يَظْهَرُواْ عَلَىٰ عَوْرَٰتِ ٱلنِّسَآءِ...﴾ [3].

4- ﴿وَإِذَا بَلَغَ ٱلْأَطْفَٰلُ مِنكُمُ ٱلْحُلُمَ فَلْيَسْتَـْٔذِنُواْ كَمَا ٱسْتَـْٔذَنَ ٱلَّذِينَ مِن قَبْلِهِمْ﴾ [4].

أضف إلى أنّ القرآن الكريم استعمل بعض المفردات للدلالة على الولد الصغير، منها:

أ. **الغلام**: وقد ظهر من القرآن الكريم أنّ كلمة غلام تطلق على الطفل الصغير وهو في مرحلة متوسطة من العمر قبل مرحلة بلوغه، كقوله تعالى:

﴿وَجَآءَتْ سَيَّارَةٌ فَأَرْسَلُواْ وَارِدَهُمْ فَأَدْلَىٰ دَلْوَهُۥ قَالَ يَٰبُشْرَىٰ هَٰذَا غُلَٰمٌ﴾ [5].

ب. **الصبيّ**: وقد أطلقت في كتاب الله تعالى على مرحلتين من الطفولة:

- ﴿فَأَشَارَتْ إِلَيْهِ قَالُواْ كَيْفَ نُكَلِّمُ مَن كَانَ فِى ٱلْمَهْدِ صَبِيًّا﴾ [6].

- ﴿يَٰيَحْيَىٰ خُذِ ٱلْكِتَٰبَ بِقُوَّةٍ وَءَاتَيْنَٰهُ ٱلْحُكْمَ صَبِيًّا﴾ [7].

---

(1) سورة الحج، الآية 5.

(2) سورة غافر، الآية 67.

(3) سورة النور، الآية 31.

(4) سورة النور، الآية 59.

(5) سورة يوسف، الآية 19.

(6) سورة مريم، الآية 29.

(7) سورة مريم، الآية 12.

ج. **الولد:** ووردت أيضا في آيات عديدة كالولد والولدان والوليد ومنها قوله تعالى: ﴿قَالَ أَلَمْ نُرَبِّكَ فِينَا وَلِيدًا وَلَبِثْتَ فِينَا مِنْ عُمُرِكَ سِنِينَ﴾[1].

د. **الصغير:** ﴿وَٱخْفِضْ لَهُمَا جَنَاحَ ٱلذُّلِّ مِنَ ٱلرَّحْمَةِ وَقُل رَّبِّ ٱرْحَمْهُمَا كَمَا رَبَّيَانِي صَغِيرًا﴾[2].

مبتدأ مرحلة الطفولة في الاصطلاح اللغويّ والشرعيّ

يظهر من أقوال علماء أهل اللغة: أنّ بداية مرحلة الطفولة هي خروج الوليد من بطن أمّه، فلا تُطلق على الجنين مفردة الطفل إلّا تجوّزاً، كما لا تُسمّى النطفة أو البويضة طفلاً.

قال ابن سيده (ت 458هـ): «ما دام الولد في بطن أمّه فهو جنين...»[3].

وقال الزبيديّ (ت 1205هـ): «.. الصبيّ يُدعى طفلاً حين يسقط من بطن أمّه...»[4].

وإذا تتبّعنا سنّة النبيّ والأئمّة عليهم السلام فلا نجد في رواياتهم ما يمكننا أنّ نحدّد به بداية مرحلة الطفولة، ولعلّ الروايات لم تشر إلى ذلك من باب أنّ المسألة واضحة عرفاً، لذلك لا يمكننا الاعتماد على النصوص في هذا المقام لعدم ورودها بهذا الخصوص، فيكون المرجع الذي يعتمد عليه هو الفهم العرفيّ.

بداية الطفولة عند الحقوقيين

ورد العديد من الآراء عند الحقوقيين في مسألة تحديد بداية الطفولة، الأمر الذي أدّى إلى وقوع الاختلاف بينهم، ويمكن حصر هذا الاختلاف بثلاثة آراء نوردها بنحو من الإيجاز:

الرأي الأول: «الطفل هو الصبيّ حين يسقط من بطن أمّه إلى أن يحتلم»[5].

الرأي الثاني: ورد في الإعلان العالميّ لحقوق الطفل[6]، «أنّ الطفل... يحتاج إلى إجراءات

(1) سورة الشعراء، الآية 18.

(2) سورة الإسراء، الآية 24.

(3) ابن سيده، المخصّص، ج1، ص30.

(4) الزبيدي، تاج العروس، ج15، ص434.

(5) ابن عابدين، محمد أمين، رد المحتار على در المختار (حاشية ابن عابدين)، إشراف مكتب البحوث والدراسات، بيروت، دار الفكر، 1415هـ - 1995م، ط.ج، ج2، ص396، وج3، ص672.

(6) المنشور بموجب قرار الجمعية العامة 1386 (د14-) المؤرخ في 20 تشرين الثاني 1959.

وقاية ورعاية خاصّة، بما في ذلك حماية قانونية مناسبة قبل الولادة وبعدها»[1]، حيث يمكن اعتبار كلمة مثل الولادة إشارة لشمول الطفل للجنين تلميحاً.

الرأي الثالث: صرّح بأنّ «مرحلة الطفولة تشمل مرحلة ما قبل الولادة»[2].

منتهى الطفولة في الاصطلاح الشرعيّ

إنّ منتهى الطفولة في الاصطلاح الشرعيّ يعرف من خلال المعنى المقابل له، ألاّ وهو البلوغ، فالبلوغ يخرج الطفل عن حدّ الطفولة ويدخل مرحلة جديدة وهي التكليف.

وقد استفاد بعض الفقهاء والمفسّرون ذلك من قوله تعالى: ﴿وَإِذَا بَلَغَ ٱلْأَطْفَٰلُ مِنكُمُ ٱلْحُلُمَ فَلْيَسْتَـْٔذِنُوا۟ كَمَا ٱسْتَـْٔذَنَ ٱلَّذِينَ مِن قَبْلِهِمْ﴾[3] أنّ البلوغ هو منتهى الطفولة، بقرينة المقابلة بين الطفولة وبلوغ الحلم.

وهناك عدّة من المعايير وضعها الإسلام لتحديد مرحلة البلوغ[4]، هي:

العلامة الأولى: الإنبات، والمقصود به نبات الشعر الخشن على العانة، وهذه العلامة مشتركة بين الذكر والأنثى، وقد اعتبرها الفقهاء من العلامات التي يمكن الأخذ بها كمؤشّر على البلوغ الشرعيّ حتّى في ظلّ غياب العلامات الأخرى.

العلامة الثانية: خروج السائل المنويّ سواء في اليقظة أو في الاحتلام، وسواء كان ناتجاً عن جماع أو غير جماع، وهي أيضاً مشتركة بين الذكر والأنثى.

العلامة الثالثة: (مختصّة بالأنثى) وهي بلوغها 9 سنوات هـ.ق، أي ما يقارب الـ 8,8 سنوات ميلادية.

فالأنثى تتميّز عن الذكر بخروجها عن مرحلة الطفولة قبله.

(1) المنشور بموجب قرار الجمعية العامة 1386 (د14-) المؤرخ في 20 تشرين الثاني 1959.

(2) عبد الله، سمر خليل محمود، حقوق الطفل في الإسلام والاتفاقيات الدولية دراسة مقارنة، (رسالة ماجستير) جامعة النجاح الوطنية- كلية الدراسات العليا، نابلس، فلسطين،2003 م (نسخة إلكترونية)، ص30.

(3) سورة النور، الآية 59.

(4) يراجع: من كتب فقهاء الإمامية: الشهيد الثاني، مسالك الأفهام إلى تنقيح شرائع الإسلام، ج4، ص141. ويراجع من كتب أهل السنة: الشوكاني، محمد بن علي، نيل الأوطار من أحاديث سيد الأخبار، بيروت، دار الجليل، 1973م، لا.ط، ج5، ص370 وما بعد. والجزيري، عبد الرحمن، الفقه على المذاهب الأربعة، مطبوع مع كتاب الفقه على المذاهب الأربعة ومذهب أهل البيت، السيد محمد الغروي والشيخ ياسر مازح، بيروت، دار الثقلين، 1419هـ - 1998م، ط1، ج2، ص411 وما بعد.

العلامة الرابعة: (مختصّة بالذكر) وهي وبلوغه سن 15 سنة هـ.ق، أي ما يُقارب الـ 14,6 ميلادية.

وبناءً على ما تقدم من أن كلّاً من الذكر والأنثى بعد بلوغهما السنّ الشرعية للتكليف يخرجان عن دائرة الطفولة، لا يمكن التعامل معهما من الناحية الفقهية على أنّهما طفلان، بل بالغان مكلّفان بالأحكام الشرعية، إلى غير ذلك من الأحكام المترتّبة على سنّ البلوغ.

وأمّا منتهى الطفولة في الاصطلاح الوضعيّ فهو إتمام سنّ 18 عاماً.

تقسيم مراحل الطفولة في النصوص الإسلامية

إنّ كلّ مرحلة من المراحل التربوية التي يمرّ بها الطفل لها أحكامها التربوية الخاصّة بها والتي تتناسب مع المرحلة العمرية التي يعيشها الطفل. ويمكن ملاحظة مراحل الطفولة في النصوص الدينيّة من زاويتين:

أولاً: التقسيم الاستقرائيّ:

وذلك من خلال استقراء النصوص الإسلامية والخروج بخلاصة عن كيفية تقسيم المراحل العمرية للطفل، ويمكن بعد ذلك الوصول إلى النتيجة التالية:

- مرحلة ما قبل الزواج وهي تختصّ (بحسن اختيار كلّ من الزوجين للآخر).
- مرحلة الجماع (قبل انعقاد نطفة الجنين).
- المرحلة الصلبية: انعقاد النطفة وتكوين الجنين، وذلك قوله تعالى: ﴿فَلْيَنظُرِ ٱلْإِنسَـٰنُ مِمَّ خُلِقَ ۝٥ خُلِقَ مِن مَّآءٍ دَافِقٍ ۝٦ يَخْرُجُ مِنۢ بَيْنِ ٱلصُّلْبِ وَٱلتَّرَآئِبِ﴾[1].
- المرحلة الجنينية وهي مرحلة الحمل.
- مرحلة الولادة الممتدّة من اليوم الأوّل حتّى اليوم السابع.
- مرحلة الرضاع (حولين كاملين).
- مرحلة الحضانة من اليوم الأوّل حتّى 7/2 سنوات.
- مرحلة التمييز من 7 سنوات حتّى البلوغ.

(1) سورة الطارق، الآيات 5-7.

- مرحلة البلوغ السفهيّ: إنّ دخول الطفل إلى مرحلة البلوغ يكون على نحوين:

أ. البلوغ السفهيّ غير الرشيد: حيث لا يحسن في هذه المرحلة التصرّف في شؤون نفسه وماله و.. لذا تلحق بمرحلة الطفولة في بعض أحكام فقه التربية.

ب. البلوغ الرشيد: وهي المرحلة التي يحسن فيها البالغ التصرّف في شؤون نفسه وبدنه وماله و...

ولكلّ مرحلة من هذه المراحل حقوق وخصائص تربوية تتناسب معها.

ثانياً: التقسيم المعروف بالـ«ثلاث سبعات».

إنّ هذا التقسيم يمكن استفادته من النصوص الدينية والذي اصطلح عليه بـ: «ثلاث سبعات».

عن النبيّ صلّى الله عليه وآله وسلّم، قال: **«الولد سيّد سبع سنين، وعبد سبع سنين، ووزير سبع سنين، فإن رضيت خلائقه[1] لإحدى وعشرين سنة، وإلاّ ضرب على جنبيه[2]، فقد أعذرت إلى الله»**[3].

وعن الإمام جعفر الصادق عليه السلام: **«دع ابنك يلعب سبع سنين، ويؤدّب سبع سنين، وألزمه نفسك سبع سنين، فإن أفلح، وإلّا فلا خير منه»**[4].

السبع الأولى: «مرحلة اللعب والإمهال (لا الإهمال)»:

تبدأ هذه المرحلة من 0 سنة حتّى 7 سنوات، ويظهر من خلال الروايات أنّ لهذه المرحلة ميزتها الخاصّة، حيث إنّ الطفل في هذه المرحلة يكون ضعيفاً وجاهلاً وفاقداً لكلّ كمال فعليّ، ولا يعرف أيّ شيء عن العالم المحيط به، ويبدأ برحلته الاستكشافية لكلّ ما هو حوله بما يتناسب مع قدراته واستعداداته الملائمة مع هذه المرحلة من العمر.

---

(1) في نسخة مكارم الأخلاق: «أخلاقه».

(2) في نسخة مكارم الأخلاق: « فاضرب على جنبه».

(3) الشيخ الحر العاملي، تفصيل وسائل الشيعة إلى تحصيل مسائل الشريعة، ج21، ص476، ح27627. والشيخ الطبرسي، مكارم الأخلاق، ص222.

(4) الشيخ الكليني، الكافي، ج6، ص47.

فيحتاج في هذه المرحلة إلى هامش من الحرية الاكتشافية تحت إشراف المربّي من دون إضفاء الكثير من القيود، التي إن وجدت فإنها تحدّ من قدرته الاكتشافية من خلال ما فطره الله تعالى عليه من أسلوب اللعب والنشاط الحركيّ.

لذا عبّرت الروايات عن هذه المرحلة بتعبيرات مثل: «الولد سيّد» «دع ابنك» «أمهل صبيك»... إلخ.

السبع الثانية: «مرحلة التعليم والتأديب»:

تعتبر هذه المرحلة تأسيسية وأساساً في العملية التربوية، فنجد الروايات تؤكّد على مسألتي التعليم والتأديب بشكل تفصيليّ، ويكون للمربي دور فعّال في هذه المرحلة التي يتمّ فيها إعداد شخصية الطفل ليصبح ناضجاً وراشداً وفعّالاً في المجتمع في المراحل الآتية. لذا عبّرت الروايات عن الطفل في هذه المرحلة بالعبد أو و«يتعلّم» و«يؤدّب...» إلخ. بعد أن كانت تعبّر عنه في السبع الأولى بالسيّد، وهذا إنّ دلّ على شيء فإنّه يدل على النقلة النوعية في العملية التربوية في السبع الثانية.

وقد أشارت الروايات إلى خصوصية هذه المرحلة لدقّتها فوردت روايات حول التربية الجنسية والتربية العبادية و..إلخ. روي عن النبيّ ﷺ، قال: «**فرّقوا بين أولادكم في المضاجع إذا بلغوا سبع سنين**»[1].

وروي عن الإمام الصادق عليه السلام، قال: «**...مروا صبيانكم بالصلاة إذا كانوا بني سبع سنين**»[2].

ومن الواضح أن هذه الروايات وغيرها ترسم المسار التربوي في عملية تربية الطفل في هذه المرحلة.

السبع الثالثة: وقد عبّرت عنها الروايات بعدة تعبيرات منها، «**وألزمه نفسك سبع سنين**»، وفي رواية «**ووزير سبع سنين**» وفي هذين الموردين وغيرهما نفهم أن المطلوب في هذه المرحلة اتخاذ الولد صديقاً والتدرّج في تدريبه على تحمّل المسؤولية واختيار الحياة.

---

(1) الشيخ الطبرسي، مكارم الأخلاق، ص223.

(2) الشيخ الكليني، الكافي، ج3، ص409.

معايير مرحلة التمييز

إنّ الطفل في مرحلة السبع الثانية من مراحل الـ «ثلاث سبعات» يصبح في الأغلب طفلاً مميّزاً. وإذا بحثنا في النصوص الدينية عن هذه المفردة «الطفل المميّز» أو «التمييز» لا نجدها في أيّ من هذه النصوص، ومن هنا لا بدّ من الرجوع في تحديد معيار هذه المرحلة إلى الفقهاء، من خلال استقراء نصوصهم، والتي تنتج عنها الآراء التالية:

المعيار الأول (المعيار الزمانيّ): من (6-7 سنوات) حتّى البلوغ.

ذهب بعض الفقهاء إلى القول بأنّ مرحلة التمييز عند الطفل تمتدّ من سنّ الـ6-7 حتّى مرحلة البلوغ، والمرجّح أنّ عمدة أدلّتهم على هذا القول الروايات الواردة عن أهل البيت عليهم السلام والتي يستوحى منها أنّ سنّ السابعة عند الطفل فيه الكثير من التوجيهات العبادية أو السلوكية والتي تحتاج من الطفل إلى تمييز للقدرة على القيام بها[1].

المعيار الثاني: تمييز الحسن من القبح، وهناك تصريحات لبعض الفقهاء بهذا الخصوص منها:

«المميّز هو القادر على تشخيص القبيح والحسن»[2].

وليس المراد من التمييز أن يكون الطفل قادراً على التفرقة بين الحسن والقبيح والضارّ والنافع بشكل تفصيليّ وإنّما يكفي التمييز الإجماليّ.

المعيار الثالث: «المرجع في المميّز إلى العرف...»[3].

المعيار الرابع: اختلاف التمييز باختلاف متعلّق التكليف، ففي مسألة جواز النظر إلى (عورته وإلى عورة غيره) المراد بالمميّز الذي يتأثّر من النظر إلى العورة أو النظر إلى عورته.... وفي اعتبار صحّة عباداته الذي يُميّز التكاليف وأنّ الأمر من قِبَل الله تعالى ويُمكنه قصد القربة...[4].

(1) الخوئي، السيد أبو القاسم، والتبريزي، الشيخ جواد، صراط النجاة في أجوبة الاستفتاءات، جمع موسى مفيد الدين عاصي، بيروت، دار المحجة البيضاء، دار الرسول الأكرم، 1418هـ - 1997م، ط1، ج6، ص65.

(2) الآراكي، محمد علي، المسائل الواضحة، قم، مكتب الإعلام الإسلامي، 1414هـ، ط1، ج2، ص91.

(3) العاملي، السيد محمد جواد، مفتاح الكرامة في شرح قواعد العلامة، تحقيق محمد باقر الخالصي، قم، مؤسسة النشر الإسلامي، 1430هـ، ط2، ج6، ص432.

(4) السيستاني، السيد علي، الاستفتاءات، لا.م، لا.ن، لا.ت، لا.ط، ص125-126.

المعيار الخامس: اختلاف المميّز باختلاف الزمان والمكان والأفراد.

سُئل الإمام السيد علي الخامنئي: جاء في بعض الأحكام للصبيّ المميز بأنّه الصبيّ الذي يُميّز الحسن من القبيح، فما هو المراد من الحسن والقبيح؟ وما هي سنّ التمييز؟

أجاب: «المراد من الحسن والقبيح هو ما يكون كذلك بنظر العرف، مع ملاحظة ظروف حياة الصبيّ والعادات والآداب والتقاليد المحلّية، وأمّا سنّ التمييز فهو [فهي] مختلف [مختلفة] تبعاً لاختلاف الأشخاص في الاستعداد والإدراك والذكاء»[1].

الاستنتاج

إنّ أقوال الفقهاء حول سنّ التمييز عند الطفل وإن ظهرت أنّها مختلفة في العبارات إلا أنّ مفادها كلّها منحصر في معيار واحد وهو:

أن يصل الطفل إلى مرحلة عمرية تُصبح لديه عندها ملكة التمييز بنحو إجماليّ بين الحسن والقبيح والضارّ والنافع في الحياة. ولا ريب في أنّ مجالات التمييز تختلف بلحاظ متعلّقاتها، الجنسية والسياسية والمالية والعبادية..إلخ.

وبالتالي سيختلف التمييز بين طفل وآخر، ويكون المرجع في تحديده هو النظرة العرفية الاجتماعية للمحيط الذي يتحرّك فيه الطفل ويتفاعل من خلاله مع باقي أفراد مجتمعه.

(1) الإمام الخامنئي، أجوبة الاستفتاءات، ج2، ص300، مسألة 822.

المفاهيم الرئيسة

- الطفل في اللغة هو المولود حتّى البلوغ، والطفولة هي مرحلة من الميلاد حتّى البلوغ.
- الطفل اصطلاحاً: هو عالم من المجاهيل المعقّدة كعالم البحار الواسع الذي كلّما خاضه الباحثون، كلّما وجدوا فيه كنوزاً وحقائق علمية جديدة.
- مفردة الطفل وردت في القرآن الكريم بتعابير مختلفة: كالغلام والصبيّ والصغير والولد..
- حسب مصطلح الإمامية: أنّ كلّاً من الذكر والأنثى بعد بلوغهما السنّ الشرعية للتكليف يخرجان عن دائرة الطفولة.
- إنّ التقسيم الروائيّ للمراحل العمرية معروف بـ «ثلاث سبعات»، كقول الإمام عليّ عليه السلام: «**يُربّى الصبيّ سبعاً، ويؤدّب سبعاً، ويُستخدم سبعاً...**»[1].
- تُحدّد مرحلة التمييز عند الطفل ببلوغه (سنّ 6-7) بغضّ النظر عن الحالة المعرفية لابن سبع سنوات، وذلك من باب التعبّد بالنص الشرعيّ.

(1) الشيخ الصدوق، من لا يحضره الفقيه، ج3، ص493، ح4746.

الدرس الثامن

العدالة التربويّة

أهداف الدرس

على المتعلّم مع نهاية هذا الدرس أن:

1 . يتعرّف إلى معنى العدالة التربوية.

2 . يدرك أهمية تطبيق العدالة التربوية في التربية الأسرية.

3 . يعتقد بالتمايز الإيجابيّ الذي منحه الإسلام للطفلة.

تمهيد

يُعتبر العدل من أسماء الله تعالى، ولأهمّيته جُعل الأصل الثاني من أصول الدين الخمسة. ويجب على الإنسان المؤمن التحلّي بصفات الله تعالى وأسمائه الحسنى والتي من ضمنها العدل. وقد قرن القرآن الكريم العدل بالتقوى، يقول تعالى: ﴿ٱعْدِلُواْ هُوَ أَقْرَبُ لِلتَّقْوَىٰ وَٱتَّقُواْ ٱللَّهَ إِنَّ ٱللَّهَ خَبِيرٌۢ بِمَا تَعْمَلُونَ﴾[1].

وتعتبر مسألة انعدام العدل بين الأطفال من أبرز المشكلات التي يعيشها بعض العائلات المسلمة، حيث نجد أنّ هناك تمييزاً بين الأطفال ضمن الأسرة الواحدة، ويتمّ في بعض الأوقات تمييز الصبيّ عن البنت، وقد أكّد المنهج التربويّ في الإسلام على قضية العدالة التربوية، معتبراً إيّاها قيمة تربوية عالية، عن النبيّ صلى الله عليه وآله وسلم، قال: «... **اتّقوا الله واعدلوا بين أولادكم...**»[2].

العدالة التربوية بين الجنسين

أكّد المنهج الإسلاميّ التربويّ على مبدأ المساواة بين المولود الذكر والمولودة الأنثى. عن النبيّ صلى الله عليه وآله وسلم، قال: «**من كان له أنثى فلم يئدها ولم يُهنها ولم يؤثر ولده عليها، أدخله الله الجنّة**»[3].

وكذلك بالنسبة للذكر أيضاً، عن سعد بن سعد الأشعريّ قال: سألتُ أبا الحسن الرضا عليه السلام...، فقلتُ: جعلتُ فداك، الرجل يكون بناته أحبّ إليه من بنيه؟ قال

(1) سورة المائدة، الآية 8.

(2) المتقي الهندي، كنز العمال، ج16، ص445.

(3) الأحسائي، عوالي اللآلي، ج1، ص181.

الرضا عليه السلام: **«البنات والبنون في ذلك سواء، إنّما هو بقدر ما يُنزلهم الله عزّ وجلّ منه»**[1].

مع الإشارة إلى أنّ طبيعة الفتاة العاطفية تحتاج إلى الرأفة والرحمة أكثر من الطفل، وهذا ما أشار إليه المنهج الإسلاميّ التربويّ، عن أبي الحسن الرضا عليه السلام، قال: قال رسول الله صلى الله عليه وآله وسلم: **«إنّ الله تبارك وتعالى على الإناث أرأف منه على الذكور، وما من رجل يُدخل فرحة على امرأة بينه وبينها حرمة إلاّ فرّحه الله تعالى يوم القيامة»**[2].

معنى العدالة التربوية

إنّ الإنسان مفطور على حبّ أطفاله. ويعدّ هذا الحبّ أمراً طبيعياً في كلّ إنسان. ولهذا الحبّ مراتب ودرجات تختلف شدّة وضعفاً.

وبناء على ذلك: عندما نتحدّث عن العدالة التربوية، هل المقصود هو العدالة في الحبّ والعاطفة أم العدالة في السلوك والعمل؟

والجواب عن هذا السؤال متوقّف على بيان مقدّمة منهجية متعلّقة ببيان الفارق بين أمرين:

1. أفعال القلوب.
2. أفعال الجوارح.

أمّا بالنسبة إلى أفعال القلوب: ليس كلّ أفعال القلوب واقع تحت قدرة الإنسان واختياره وإرادته الحرّة، وكمثال على ذلك العدالة بين النساء حال تعدّد الزوجات، حيث أشار تعالى إلى ذلك بقوله: ﴿وَلَن تَسۡتَطِيعُوٓاْ أَن تَعۡدِلُواْ بَيۡنَ ٱلنِّسَآءِ﴾[3]. وقد سأل هشام بن الحكم الإمام الصادق عليه السلام عن معنى الآية، فقال عليه السلام: **«يعني في المودّة»**[4].

(1) الشيخ الكليني، الكافي، ج6، ص51. أي الحبّ إنّما يكون بقدر ما يجعل الله لهم المنزلة من قلبه.
(2) م.ن، ص6.
(3) سورة النساء، الآية 129.
(4) الشيخ الكليني، الكافي، ج5، ص363.

وبناء على ذلك: التميز في المشاعر القلبية قد يخرج عن سيطرة الإنسان وإرادته، فيحبّ طفلاً أكثر من طفل إمّا لسبب معلوم كأنّ يكون الطفل متميّزاً، أو لسبب مجهول كأن يُلقَى في قلبه محبّة طفل بنحو أشدّ من طفل آخر، وأفعال القلوب ليست دائماً اختيارية من قبل الإنسان، وليس مأموراً بالعدالة في أمر ليس دائماً واقعاً تحت الاختيار.

أمّا في أفعال الجوارح: والتي يقصد فيها المعاملة الفعلية، فإنّه مأمور بالعدالة فيها لأنّها واقعة تحت اختيار الإنسان. فالمطلوب هو أن يكون سلوك المربّي عادلاً مع أطفاله بمعنى عدم التمييز بينهم من الناحية العملية، فلا يظهر ذلك في سلوكه وتصرفاته، لأنّ إظهار التفضيل السلوكيّ في هذا المقام يولّد الحسد بين الأخوة فضلاً عن كونه يورث العداوة والبغضاء، كما عبّر الشهيد الثاني في تعليل كراهة تفضيل بعض الأبناء على بعض حيث قال: «... لأنّ التفضيل يورث العداوة والشحناء بين الأولاد كما هو الواقع شاهداً وغابراً، ولدلالة ذلك على رغبة الأب في المفضّل المثير للحسد المفضي إلى قطيعة الرحم»[1].

وهذا ما تُلمّح إليه قصّة النبيّ يوسف عليه السلام، حيث إنّ ظنّ واعتقاد أبناء النبيّ يعقوب عليه السلام أنّه يُفضّل يوسف عليهم جعلهم يتآمرون عليه ويكيدون له كيداً، قال تعالى في حكاية ذلك: ﴿لَّقَدْ كَانَ فِي يُوسُفَ وَإِخْوَتِهِۦٓ ءَايَٰتٌ لِّلسَّآئِلِينَ ۝٧ إِذْ قَالُواْ لَيُوسُفُ وَأَخُوهُ أَحَبُّ إِلَىٰٓ أَبِينَا مِنَّا وَنَحْنُ عُصْبَةٌ إِنَّ أَبَانَا لَفِي ضَلَٰلٍ مُّبِينٍ ۝٨ ٱقْتُلُواْ يُوسُفَ أَوِ ٱطْرَحُوهُ أَرْضًا يَخْلُ لَكُمْ وَجْهُ أَبِيكُمْ وَتَكُونُواْ مِنۢ بَعْدِهِۦ قَوْمًا صَٰلِحِينَ﴾[2]. مع الإشارة إلى أنّ النبيّ يعقوب عليه السلام لم يتصرّف على خلاف مقتضى العدل والإنصاف في تربية أولاده، وإنّما كانت من باب العطف عليهم لكونهم صغاراً وضعافاً، إلاّ أنّه لجهل أبنائه الآخرين وضعف نفوسهم وحسدهم صنعوا ما صنعوه مع أخيهم يوسف عليه السلام. لأنّ النبيّ يعقوب عليه السلام لم يتعامل مع يوسف وأخيه بنيامين الطفلين إلاّ بمنطق الطفولة.

وفي هذا السياق نُلاحظ أنّ الإمام الصادق عليه السلام، قال: قال والدي: «**والله إنّي لأصانع بعض ولدي وأجلسه على فخذي وأُكثر له المحبّة، وأُكثر له الشكر، وإنّ الحقّ لغيره**

(1) الشهيد الثاني، مسالك الأفهام، ج6، ص28.

(2) سورة يوسف، الآيات 7-9.

من ولدي، ولكن محافظة عليه منه ومن غيره، لئلّا يصنعوا به ما فعل بيوسف وإخوته وما أنزل الله سورة يوسف إلا أمثالاً لكيلا يحسد بعضنا بعضاً كما حسد بيوسف إخوته، وبغوا عليه»[1].

وتجدر الإشارة إلى أنّه حتّى لو صدر عن طفل ما أفعال عدّة غير مرغوب بها، ينبغي أن لا تصل الحالة الشعورية للأب أو الأمّ تجاه الطفل إلى درجة كراهته أو بغضه، بل يبغض عمله كما تشير الروايات الواردة في هذا السياق، منها: عن الإمام الباقر عليه السلام، قال: «**إنّ الله يُحبّ العبد ويُبغض عمله، ويُبغض العبد ويُحبّ عمله**»[2].

بين العدالة والمساواة في العملية التربوية

قد يُقال إنّ معنى العدّالة «إعطاء كل ذي حقّ حقه»، وبما أنّ الأطفال يختلفون في جنسهم وأعمارهم فإنّ مقتضى العدالة أن يكون هناك تمايز بينهم، فكيف يمكن الجمع بين التمايز ومبدأ المساواة؟

وفي الجواب عن هذا السؤال لا بدّ من التمييز بين نوعين من المساواة:

النوع الأول: المساواة التي هي مقتضى العدالة وتجتمع معها.

والنوع الثاني: المساواة التي تُغاير العدالة.

إنّ لكل طفل احتياجاته الخاصّة والتي تتناسب مع مراحل حياته العمرية، فالطفل ابن سنة مثلاً يحتاج إلى أن يحمله أهله ويضعوه في سريره ويُطعموه بأيديهم ويغسلوا يديه... إلخ، في حين أنّ الطفل ابن سبع سنوات يذهب إلى سريره بنفسه وينام فيه ويستطيع أن يأكل طعامه بنفسه ويغسل يديه بنفسه... إلخ من ألوان التمايز الطبيعيّ حسب أسبابه.

فالعدالة التربوية لا تعني هنا هو أن يقوم المربّي بالمساواة بينهما فيحمل ابن سبع سنوات ويضعه في سريره ويُطعمه غذاءه ثم تُغسل يداه من قِبَل المربّي، لأنّ هذا خلاف مقتضى التربية التي تُريد أن توصل الطفل إلى كماله اللائق بمرحلته العمرية، ولكنّه يمكن

(1) العياشي، تفسير العياشي، ج2، ص166.
(2) الشيخ الطوسي، الأمالي، ص411.

أن يسلك طريقاً وسطياً في هذا المجال كأن يجعل الطفل الثاني مثلاً هو الوسيط بينه وبين الطفل الأول وذلك بإعطائه حسّ المسؤولية تجاه أخيه وإشعاره بأنّه يحتاج لعنايته، فيكلّف بالاهتمام به ببعض الأمور التي تتناسب مع مرحلته العمرية، كأن يحدّثه أو يلاعبه..إلخ.

وبناء على ذلك يتضح الفرق بين العدالة والمساواة.

فالعدالة: تعني إعطاء كلّ ذي حقٍّ من الأبناء حقّه، على ضوء كمالاته الاختيارية التي يسعى لتحصيلها من المعرفة والخلق الكريم والمهارات الحسنة والالتزام بالآداب العامّة والسعي بنشاط وجهد لتنمية ذاته وتطوير شخصيّته[1]، مع التوضيح لإخوته أنّ هذا التمايز ليس لشخص أخيهم وإنّما للعمل الذي قام به، وإنّهم يمكنهم من خلال القيام بهذا العمل الحصول على الميزة نفسها على قاعدة «وفي مثل ذلك فليتنافس المتنافسون».

أمّا المساواة: فهي ليست مترادفة مع العدالة، لأنّ المساواة بين الأطفال مع اختلاف مراحلهم العمرية من جهة وأعمالهم من جهة ثانية..إلخ، يعدّ ظلماً بحقّهم، وهي خلاف العدالة التربوية.

ويظهر من بعض الروايات أنّ مبدأ التمايز لا يتنافى مع مبدأ العدالة، منها:

عن سعد بن سعد الأشعري، قال: «سألتُ أبا الحسن الرضا عليه السلام عن الرجل يكون بعض ولده أحبّ إليه من بعض ويُقدّم بعض ولده على بعض؟

فقال عليه السلام: «**نعم، قد فعل ذلك أبو عبد الله عليه السلام نَحَلَ محمداً، وفعل ذلك أبو الحسن عليه السلام نَحَلَ أحمد شيئاً، فقمت أنا به حتّى حزته له**[2]»[3].

النظرة التمييزية ضدّ الطفلة قبل الإسلام

إنّ القرآن الكريم ذمّ النظرة التمييزية ضدّ الأنثى عند أهل الجاهلية، قال تعالى:

---

(1) وبهذا يتبين أيضاً الفرق بين التمييز بين الأطفال من ناحية ابتدائية ومن ناحية الجزاء على العمل، فإن التمييز بين الأطفال ابتداءً على خلاف مقتضى العدالة، أما التمييز بين الأطفال بسبب المكافأة على الجميل فهو عين العدالة.

(2) أي قمت وتصرفت فيما أعطى أبي لأخي من النحلة حتى جمعت له وذلك لأنه كان طفلاً.

(3) الشيخ الكليني، الكافي، ج6، ص51.

﴿وَإِذَا بُشِّرَ أَحَدُهُم بِٱلْأُنثَىٰ ظَلَّ وَجْهُهُۥ مُسْوَدًّا وَهُوَ كَظِيمٌ ۝٥٨ يَتَوَٰرَىٰ مِنَ ٱلْقَوْمِ مِن سُوٓءِ مَا بُشِّرَ بِهِۦٓ ۚ أَيُمْسِكُهُۥ عَلَىٰ هُونٍ أَمْ يَدُسُّهُۥ فِى ٱلتُّرَابِ ۗ أَلَا سَآءَ مَا يَحْكُمُونَ﴾[1]، حيث كانوا يستقبلون المولودة الطفلة بوجه في غاية السواد من شدّة الحزن إلى درجة تجعله يختبئ من الناس خجلاً، الأمر الذي يؤدّي ببعض هؤلاء في نهاية المطاف إلى دفن ابنته وهي حيّة. قال تعالى: ﴿وَإِذَا ٱلْمَوْءُۥدَةُ سُئِلَتْ ۝٨ بِأَىِّ ذَنۢبٍ قُتِلَتْ﴾[2]، وقد استمرّت هذه النظرة متجذّرة في حياة المسلمين والمؤمنين حيث كان يُنظر إلى الفتاة نظرة سخط وكره وحقد، فقد «بُشّر النبي ﷺ بابنة، فنظر في وجوه أصحابه، فرأى الكراهة فيهم...»[3].

وللأسف، فإنّ بعض الناس لا يزال يعيش في داخله عادات وتقاليد الجاهلية تجاه المولود الأنثى. ولو دقّقنا في قيم الإسلام لوجدنا أنّه رفع من شأن الأنثى، وحثّ على ذلك ضمن الخطوات التالية:

- **أولاً:** التشديد في تحريم وأد البنات.
- **ثانياً:** التأكيد على أنّ حب الأطفال أمر فطريّ، وعلى الوالدين عدم دسّ هذه الفطرة تحت التراب، وخاصّة حبّ البنات اللواتي نهى الإسلام عن كراهتهنّ، والتأكيد على أنّهنّ المباركات وخير الأولاد في البيت.
- **ثالثاً:** النظر بميزان الآخرة إلى البنات على أنّهنّ حسنات يُثيب الله تعالى عليهنّ بخلاف الصبيان، فإنّهم نعمة يسأل ويُحاسب الله تعالى عليهم... إلخ.
- **رابعاً:** إنّ الله تعالى أرأف على البنات منه على الذكور، وإنّ الأنثى قد تكون أنفع للوالدين من الذكر، قال تعالى: ﴿ءَابَآؤُكُمْ وَأَبْنَآؤُكُمْ لَا تَدْرُونَ أَيُّهُمْ أَقْرَبُ لَكُمْ نَفْعًا ۚ﴾[4]، [5].

(1) سورة النحل، الآيتان 58 - 59.
(2) سورة التكوير، الآيتان 8-9.
(3) الشيخ الصدوق، من لا يحضره الفقيه، ج3، ص481، ح4693.
(4) سورة النساء، الآية 11.
(5) الشيخ الكليني، الكافي، ج6، ص5.

ونجد هذه المعاني في روايات عدّة حثّت على الاهتمام بالبنات منها:

1. تحريم وأد البنات:

عن رسول الله ﷺ: «**نهى - الله عزّ وجلّ - عن عقوق الأمّهات ووأد البنات**»[1].

2. النهي عن كراهة البنات:

عن رسول الله ﷺ: «**لا تكرهوا البنات، فإنّهنّ المؤنسات الغاليات**»[2].

3. النهي عن تمنّي موت البنات:

عن جارود قال: قُلتُ لأبي عبد الله عليه السلام: إنّ لي بنات، فقال عليه السلام: «**لعلّك تتمنّى موتهنّ، أما إنّك إنْ تمنّيت موتهنّ فمتن لم تؤجر ولقيت الله عزّ وجلّ يوم تلقاه وأنت عاصٍ**»[3].

4. التأسّي برسول الله ﷺ:

عن أبي عبد الله عليه السلام قال: «**كان رسول الله ﷺ أبا بنات**»[4].

5. التخلّق بأخلاق الله بالرأفة بالبنات:

عن أبي الحسن الرضا عليه السلام، قال: قال رسول الله ﷺ: «**إنّ الله تبارك وتعالى على الإناث أرأف منه على الذكور...**»[5].

6. بركة ورحمة البيت الذي فيه بنات:

عن رسول الله ﷺ: «**ما من بيت فيه البنات إلّا نزلت كلّ يوم عليه اثنتا عشرة بركة ورحمة من السماء، ولا ينقطع زيارة الملائكة من ذلك البيت يكتبون لأبيهم كلّ يوم وليلة عبادة سنة**»[6].

---

(1) الصدوق، الشيخ محمد بن علي، معاني الأخبار، تعليق علي أكبر الغفاري، تقديم حسين الأعلمي، بيروت، مؤسسة الأعلمي للمطبوعات، 1410هـ - 1990م، ط1، ص280.

(2) الطبراني، سليمان بن أحمد، المعجم الكبير، تحقيق حمدي عبد المجيد السلفي، لا.م، دار إحياء التراث العربي، 1404هـ 1984-م، ط2، ج17، ص310

(3) الشيخ الكليني، الكافي، ج6، ص5.

(4) م.ن.

(5) م.ن، ج6، ص6.

(6) السيد البروجردي، جامع أحاديث الشيعة، ج21، ص303.

7. خير الأولاد البنات:

عن النبيّ ﷺ، قال: «من كانت له ابنة واحدة، كانت خيراً له من ألف حجّة، وألف غزوة، وألف بدنة، وألف ضيافة»[1].

8. البنات مباركات مؤنسات:

عن النبيّ ﷺ قال: «رحم الله أبا البنات، البنات مباركات محبّبات، والبنون مبشّرات، وهنّ الباقيات الصالحات»[2].

9. اعتبار البنات حسنات يُثاب عليهنّ:

عن الإمام الصادق ﷺ: «البنات حسنات، والبنون نعمة، فإنّما يُثاب على الحسنات، ويُسأل عن النعمة»[3].

10. البنات ستر من النار وسبب لدخول الجنّة:

عن النبيّ ﷺ، قال: «منّ كان له ثلاث بنات فصبر على لأوائهنّ وضرّائهنّ وسرّائهنّ كُنّ له حجاباً يوم القيامة»[4].

11. اعتبار الطفلة ريحانة:

بُشّر النبيّ ﷺ بابنة، فنظر في وجوه أصحابه، فرأى الكراهة فيهم، فقال: «ما لكم! ريحانة أشمّها، ورزقها على اللَّه»[5].

12. الإحسان إلى البنات يُدخل الجنّة:

عن النبيّ ﷺ، قال: «من كان له أختان أو بنتان فأحسن إليهما، كُنتُ أنا وهو في الجنّة كهاتين، وأشار بإصبعيه السبّابة والوسطى»[6].

---

(1) السيد البروجردي، جامع أحاديث الشيعة، ج21، ص302.
(2) م.ن.
(3) الشيخ الكليني، الكافي، ج6، ح8.
(4) الشيخ الصدوق، الخصال، ص174.
(5) الشيخ الصدوق، من لا يحضره الفقيه، ج3، ص481.
(6) الأحسائي، عوالي اللآلي، ج1، ص253.

13. إعالة البنات تُدخل الجنّة:

عن رسول الله ﷺ، قال: «**من عال ثلاث بنات يُعطى ثلاث روضات من رياض الجنّة، كلّ روضة أوسع من الدنيا وما فيها**»[1].

14. الله تعالى يُعين صاحب البنات:

عن النبيّ ﷺ، قال: «**من كان له ابنة فالله في عونه ونصرته وبركته ومغفرته**»[2].

15. الرضا بما يختاره الله تعالى:

قال تعالى: ﴿لِّلَّهِ مُلْكُ ٱلسَّمَٰوَٰتِ وَٱلْأَرْضِ ۚ يَخْلُقُ مَا يَشَآءُ ۚ يَهَبُ لِمَن يَشَآءُ إِنَٰثًا وَيَهَبُ لِمَن يَشَآءُ ٱلذُّكُورَ﴾[3].

16. أول مولود بنت يمن لأمّها:

عن رسول الله ﷺ: «**من يُمنِ المرأة أن يكون بكرها جارية، يعني أول ولدها ابنة**»[4].

17. دعاء النبيّ إبراهيم أن يُرزق بنتاً:

عن أبي عبد الله عليه السلام، قال: «**إنّ أبي إبراهيم عليه السلام سأل ربّه أن يرزقه ابنة تبكيه وتندبه بعد موته**»[5].

وبناء على ما تقدم: تقتضي العدالة التربوية عدم التمييز بين الطفل والطفلة، بل ينبغي أن يعطى كلٌّ منهما نوعاً من التربية الملائم لطبيعة تكوينه، وملاحظة الخصائص والمميّزات لكلّ من الجنسين.

---

(1) السيد البروجردي، جامع أحاديث الشيعة، ج21، ص303.
(2) الميرزا النوري، مستدرك الوسائل، ج15، ص115.
(3) سورة الشورى، الآية 49.
(4) الراوندي، النوادر، ص151.
(5) الشيخ الكليني، الكافي، ج6، ص6.

المفاهيم الرئيسة

- يُعتبر العدل من أسماء الله تعالى، ولأهمّيتة جُعل الأصل الثاني من أصول الدين الخمسة. ويجب على الإنسان المؤمن التحلّي بصفات الله تعالى وأسمائه الحسنى والتي من ضمنها العدل، وقد قرن القرآن الكريم العدل بالتقوى، يقول تعالى: ﴿ٱعۡدِلُواْ هُوَ أَقۡرَبُ لِلتَّقۡوَىٰۖ وَٱتَّقُواْ ٱللَّهَۚ إِنَّ ٱللَّهَ خَبِيرُۢ بِمَا تَعۡمَلُونَ﴾[1].
- أكدّ المنهج الإسلاميّ التربويّ على مبدأ المساواة بين المولود الذكر والمولودة الأنثى. عن النبيّ ﷺ، قال: «**من كان له أنثى فلم يئدها ولم يُهنها ولم يؤثر ولده عليها، أدخله الله الجنّة**».
- التمييز في أفعال القلوب قد يخرج عن سيطرة الإنسان وإرادته، وقد يحبّ طفلاً أكثر من طفل إمّا لسبب معلوم كأنّ يكون الطفل متميّزاً، أو لسبب مجهول كأن يلقى في قلبه محبّة طفل بنحو أشدّ من طفلٍ آخر، وأفعال القلوب ليست اختيارية من قبل الإنسان، وليس مأمورا بالعدالة في أمر ليس دائماً واقعاً تحت الاختيار.
- أمّا في أفعال الجوارح: والتي يقصد فيها المعاملة الفعلية فإنّه مأمور بالعدالة فيها لأنّها واقعة تحت اختيار الإنسان. فالمطلوب هو أن يكون سلوك المربّي عادلاً مع أطفاله بمعنى عدم التمييز بينهم من الناحية العملية، فلا يظهر ذلك في سلوكه وتصرّفاته، لأنّ إظهار التفضيل السلوكيّ في هذا المقام يولّد الحسد بين الأخوة فضلاً عن كونه يورث العداوة والبغضاء.
- فالعدالة: تعني إعطاء كلّ ذي حقٍّ من الأبناء حقّه، على ضوء كمالاته الاختيارية التي يسعى لتحصيلها من المعرفة والخلق الكريم والمهارات الحسنة والالتزام بالآداب العامّة والسعي بنشاط وجهد لتنمية ذاته وتطوير شخصيّته.
- أمّا المساواة: فهي ليست مترادفة مع العدالة، لأنّ المساواة بين الأطفال مع اختلاف مراحلهم العمرية من جهة وأعمالهم من جهة ثانية..الخ، يعدّ ظلماً في حقّهم وهذا خلاف العدالة التربوية.

(1) سورة المائدة، الآية 8.

الدرس التاسع

قيمة الحضانة في الإسلام

أهداف الدرس

على المتعلّم مع نهاية هذا الدرس أن:

1 . يُعرِّف الحضانة لغةً واصطلاحاً.

2 . يعرف أسباب منح حقّ الحضانة للأمّ.

3 . يدرك أهمّية التوافق بين الوالدين في فترة الحضانة.

تمهيد

إنّ حاجة الطفل إلى الرعاية والاهتمام لضعفه وحاجته إلى ذلك يجعل للعملية التربوية لذّة خاصّة لا يعرف طعمها إلاّ من ارتشف من معينها. وقد أشار الإمام جعفر الصادق عليه السلام، إلى هذا المعنى بقوله : «... **لو كان - المولود - يولد تامّ العقل مستقلاً بنفسه لذهب موضع حلاوة تربية الأولاد، وما قدر أن يكون للوالدين في الاشتغال بالولد من المصلحة وما يوجب التربية للآباء على الأبناء من المكافأة بالبرّ، والعطف عليهم، عند حاجتهم إلى ذلك منهم، ثم كان الأولاد لا يألفون آباءهم ولا يألف الآباء أبناءهم، لأنّ الأولاد كانوا يستغنون عن تربية الآباء وحياطتهم، فيتفرّقون عنهم حين يولدون، فلا يعرف الرجل أباه وأمّه...**»[1].

فالطفل في السنوات الأولى من عمره يحتاج إلى رعاية وعناية خاصّة كتأمين ما يحتاجه من غذاء وملبس ومسكن وطبابة و...وهذا النوع من الرعاية والتربية اصطلح عليه بكلمة الحضانة.

فما هو حقّ الحضانة؟ ولمن أُعطي هذا الحقّ؟

الحضانة في اللغة

الحضانة لغةً من الحِضْن، وأصله بمعنى «حفظ الشيء وصيانته»[2]، واحتضنت المرأة طفلها أي ضمّته إلى نفسها وحملته في حضنها.

---

(1) الجعفي، المفضل بن عمر، التوحيد، تعليق كاظم المظفر، بيروت، مؤسسة الوفاء، 1404هـ - 1984م، ط2، ص15-16.

(2) ابن زكريا، معجم مقاييس اللغة، ج2، ص73.

الحضانة في الاصطلاح الشرعيّ

عرّفت الحضانة بالاصطلاح الشرعيّ بتعريفات متعدّدة لفظاً ترجع في المعنى إلى روح واحدة.

قال العلّامة الحلّي في تعريفها: «الحضانة: تربية الصبيّ وحفظه، وجعله في سريره، وأخذه منه، وكحله، ودهنه، وتنظيفه، وغسل خرقه وثيابه، وأشباه ذلك، واشتقاقها من الحضن، وهو ما تحت الإبط تشبيهاً بحضانة الطير للفراخ والبيض»[1].

فالحضانة هي نحو من أنحاء تربية الطفل إلاّ أنّها تختصّ بالمرحلة العمرية الأولى التي تتعلّق بالاحتياجات البدنية للطفل.

أسباب منح حقّ الحضانة للأمّ دون الأب

أنزل الله تعالى الدين الإسلاميّ مطابقاً لمقتضى الفطرة الإنسانية[2]، وبما أنّ الطبيعة الفطرية للأمّ تنطوي على صفات عاطفيّة خاصّة تزيد فيها على الرجل، أوكلت مهمّة الحضانة إلى الأمّ لكونها أكثر شفقة ورقة وصبراً وتحملاً في هذا المقام. وفي المقابل أوكلت مهمّة الولاية التربوية وتحمّل مسؤوليات الطفل الخارجية كالنفقة وغيرها إلى الأب.

النفقة الاقتصادية مسؤولية الأب

فالإسلام حينما منح الأمّ حقّ الحضانة من الناحية البدنية، لم يكلّفها مسؤولية الإنفاق على طفلها، بل ألقى مسؤولية النفقة الاقتصادية على عاتق الأب، فكلّ المستلزمات التي يحتاجها الطفل من مأكل وملبس ودواء و... يجب على الأب تأمينها، ولا يجب على الأمّ من الناحية التكليفية أو القانونية شيء في هذا المقام إلاّ ما أنفقته عن اختيار وطيب خاطر[3].

(1) الحلي، الحسن بن يوسف، تحرير الأحكام الشرعية على مذهب الإمامية، تحقيق إبراهيم البهادري، إشراف جعفر السبحاني، قم، مؤسسة الإمام الصادق، 1420هـ، ط1، ج3، ص93.

(2) يراجع: الطباطبائي، السيد محمد حسين، الميزان في تفسير القرآن، طهران، دار الكتب الإسلامية، 1372هـ، لا.ط، ج1، ص389. وج2، ص274. وج7، ص247. وج9، ص241. وج16، ص178 وما بعد.

(3) الشهيد الثاني، مسالك الأفهام، ج8، ص421.

ما بين الحضانة وحقّ الولاية

والسؤال الذي يطرح نفسه في هذا المقام:

إذا كان الأب هو من يملك حقّ الولاية على الطفل دون الأمّ، فكيف يمكن أن يُمنح حقّ الحضانَة للأمّ دون الأب؟

ويمكن الإجابة عن ذلك من خلال أمرين:

أولاً: صحيح أن الولاية للأب عامّة على الطفل، ولكن ما من عامّ إلا وقد خصّ، فهناك استثناء ورد في هذه القضية يكمن في منح الأمّ حقّ الحضانة لما يتناسب مع مقتضى طبيعتها التكوينية كما تقدّم[1].

ثانياً: إنّ بعض الفقهاء اعتبروا أنّ الحضانة لا تندرج تحت مسألة الولاية، بل هي تختصّ بحق الأمّ في توليها الرعاية البدنية الخاصّة بالطفل في هذا المقام. أمّا الأفعال التي تختصّ بشأن الولاية التربوية فتبقى من مختصّات الأبّ فلا تعارض بين الأمرين[2].

أهمّية التوافق بين الزوجين في ولاية الحضانة:

إنّ التوافق في ولاية الحضانة له أثر إيجابيّ كبير على الطفل من الناحية التربوية. ويجب على الأبوين أن يسعيَا دوماً للتوافق التربويّ سواء في حالات الوفاق أم افتراق الزوجين بالطلاق، لأنّ عدم التوافق في هذا المجال له آثار سلبية على الطفل فيجعله في حالة من القلق الذي يؤدّي بدوره إلى جعل شخصيته غير متوازنة.

ومن هنا ينبغي للوالدين أن يتوافقا في مسألة ولاية الحضانة على ضوء المنظومة القيَمية الأخلاقية، لا على ضوء الأحكام القانونية التي قد تتّسم بالجفاف وتسلب الروح القيمية في هذا المجال.

(1) الحلي، السرائر، ج2، ص653.

(2) م.ن.

فالتوافق دوماً أولى من النزاع حتّى في حالة الافتراق، فمصلحة الطفل والتعاون في تربيته وتنشئته أولى من إيصال الأمور إلى المحاكم، ووضع الطفل أمام أصعب خيار بين الأب والأم.

فالعملية التربوية تتضمن العديد من المسؤوليات المشتركة بين الزوجين حتى في حالة الطلاق، فيجب عليهما تأمين البيئة الإيجابية للطفل وأن يتغافلا عن شؤونهما الشخصية لحساب مصلحة الطفل كي ينمو بشكل سليم بعيداً عن أجواء التوتّر والقلق.

كما يجب على الزوجين أن لا يمنع أحدهما الآخر من زيارة الطفل أو الاجتماع معه في الوقت الذي يكون فيه الطفل بعهدة أحدهما، فعندما يكون الطفل في عهدة الأب أو الأمّ لا يجوز لأيّ منهما منع الآخر من زيارته والتحدث إليه أو عيادته في مرضه... لما في ذلك من قطع الرحم والمضارّة بأحدهما..»[1].

ومن هنا فإنّ منح حقّ الحضانة للأمّ بالنحو الذي تقدّم لا يلغي دور الأب في العملية التربوية، بل ينبغي لها أن تمارس هذا الحقّ في المنزل بالشراكة مع الأب، والفقهاء أكّدوا على أهميّة التوافق بين الأبوين في مسألة الحضانة، وأن يكون أيّ تصرّف ناتجاً عن تراض بينهما، «فمع اجتماع الزوجين لا كلام في كون الولد بينهما بحيث يقوم كلٌّ منهما بما يجب عليه في تربيته»[2].

وينبغي الالتفات إلى نقطة أساسية في هذا المقام وهي: سواء منح القانون حقّ الحضانة للأم بطريقة منفردة أو بالشراكة مع الأب تبقى مسألة الشراكة أولى من الناحية التربوية لما لذلك من أثر إيجابيّ على الطفل.

مدّة الحضانة

اتّفق الفقهاء على أنّ الأمّ أحقّ بحضانة الطفل مدّة الرضاع أي حولين كاملين سواء كان ذكراً أو أنثى. يقول الإمام الخمينيّ: «الأمّ أحقّ بحضانة الولد وتربيته وما يتعلّق بها

(1) الشيخ الجواهري، جواهر الكلام، ج31، ص292.

(2) السيوري، مقداد بن عبد الله، التنقيح الرائع لمختصر الشرائع، تحقيق عبد اللطيف الحسيني، قم، مكتبة آية الله المرعشي - مطبعة الخيام، 1404هـ، ط1، ج3، ص271.

من مصلحة حفظه مدّة الرضاع أي الحولين إذا كانت حرّة مسلمة عاقلة، ذكراً كان أو أنثى...»[1].

وهناك سؤال يطرح: هل للأمّ ولاية على الطفل بعد انتهاء فترة الرضاع؟ وإلى أيّ وقت تمتدّ هذه الولاية؟

في الجواب عن هذا السؤال طرح الفقهاء آراء عدّة[2]، نعرضها ضمن الفقرة التالية بشكل مختصر[3]:

الرأي **الأوّل:** أنّ الأمّ لا حقّ لها بعد السنتين.

الرأي **الثاني:** أنّ الأم أحقّ بالطفل والطفلة إلى سبع سنين[4].

الرأي **الثالث:** أنّ الأمّ أحقّ بالطفل والطفلة إلى أن تتزوّج الأمّ[5].

الرأي **الرابع:** الأمّ أحقّ بالطفل إلى سنتين والطفلة إلى سبع سنين.

الرأي **الخامس:** الأمّ أحقّ بالطفل إلى سبع سنين، وأحقّ بالطفلة ما لم تتزوّج الأم[6].

ما هي الشروط التي ينبغي توفّرها لتولّي الحضانة[7]؟

إنّ توفّر بعض الصفات والخصائص في الوالدين له أثر فعّال ومهمّ جدّاً من الناحية التربوية بغضّ النظر عن الحكم الفقهيّ المحض، لذلك أكدّ الفقهاء على ضرورة وجود شروط عدّة أهمّها:

---

(1) الإمام الخميني، تحرير الوسيلة، ج2، ص312.

(2) يراجع حول هذه الآراء: الشيخ الطوسي، المبسوط، ج6، ص39. والحلي، احمد بن محمد، المهذب البارع في شرح المختصر النافع، تحقيق مجتبى العراقي، قم، مؤسسة النشر الإسلامي التابعة لجماعة المدرسين بقم المشرفة، 1411هـ، لا.ط، ج3، ص427.

(3) هناك تفصيلات فقهية عديدة حول مسألة الحضانة تراجع فيها الكتب المتخصصة في ذلك.

(4) يراجع: الشيخ الصدوق، من لا يحضره الفقيه، ج3، ص436.

(5) م.ن.

(6) الطوسي، محمد بن الحسن، الخلاف، تحقيق جماعة من المحققين، قم، مؤسسة النشر الإسلامي التابعة لجماعة المدرسين بقم المشرفة، 1407هـ، لا.ط، ج5، ص131.

(7) يراجع حول شروط الحضانة: الشهيد الثاني، مسالك الأفهام، ج8، ص 422 وما بعد. الطباطبائي، السيد علي، رياض المسائل، قم، مؤسسة النشر الإسلامي التابعة لجماعة المدرسين بقم، 1422هـ، ط1، ج10، ص523 وما بعد. والشيخ الجواهري، جواهر الكلام، ج31، ص287 وما بعد.

1. **الإسلام:** إنّ الحضانة تمثل شكلاً من أشكال الولاية، فلا بدّ من أن تكون المرأة مسلمة لأنّه لا ولاية لغير المسلمة على الطفل بإسلام أبيه. ويجب على الأبوين توفير البيئة الملتزمة والمناسبة للطفل. وهذا لا يمكن أن يتحقّق في كنف أمّ بعيدة عن الدين(1)...
2. **العقل:** بمعنى أن تكون الأمّ عاقلة، فلا حضانة للمجنونة.
3. **الصِّحة البدنية:** أن تكون الأم تتمتّع بصحّة جيدة وعافية وغير مصابة بأيّ من الأمراض المعديّة التي تكون مانعاً لها عن الاهتمام بتربية طفلها ورعايته. وقد أنكر بعض الفقهاء هذا الشرط معتبرين أنّه يمكن للأمّ في هذه الحالة إيكال الأمر إلى شخص آخر.. وحينها لا تسقط ولاية الحضانة للأمّ على الطفل(2).
4. **الأمانة:** وهي صفة أساسية ومهمّة، فالإنسان الذي لا يملك هذه الصفة يمكن أن يخون الأمانة الموكلة إليه، وإذا كانت الأم لديها هذه الصفة فإنّها لن تهمل الطفل في هذه الفترة وسترعى شؤونه وتهتمّ به.
5. **العدالة وعدم الفسق:** لأنّ الطفل سوف يتأثّر بطريقة التربية وبصفات المربّي، وأشار إلى ذلك الشهيد الثاني بقوله: «لا حضانة للفاسقة، لأنّ الفاسق لا يلي، ولأنّها لا تؤمَن أن تخون في حفظه، ولأنّه لا حظّ له -أي الطفل- في حضانتها، لأنّه ينشأ على طريقتها، فنفس الولد كالأرض الخالية ما أُلقي فيها من شيء قبلته(3)»(4).

---

(1) عن رسول الله ﷺ، قال: «ما من مولود إلا يولد على الفطرة، فأبواه يهودانه وينصرانه». البخاري، صحيح البخاري، ج7، ص211. وابن حنبل، أحمد، مسند أحمد، ج2، ص315. والشيخ الصدوق، من لا يحضره الفقيه، ج2، ص49، ح1668.

(2) في هذا الشرط يظهر أثر رأي الشيخ الجواهري بأن الحضانة ليست ولاية بل حق للأم، وبناء عليه مع عدم قدرتها على أداء هذا الحق لا ينوب غيرها عنها، بل تكون الولاية والخيار بيد الأب في توكيل من يراه مناسباً لحضانة طفله.

(3) إشارة إلى ما ورد عن أمير المؤمنين عليه السلام: «إنما قلب الحدث كالأرض الخالية، ما ألقي فيها من شيء قبلته». نهج البلاغة، من وصية له لولده الحسن كتبه إليه بحاضرين منصرفاً من صفين، رقم269، ص526.

(4) الشهيد الثاني، مسالك الأفهام، ج8، ص422.

المفاهيم الرئيسة

- إنّ حاجة الطفل إلى الرعاية والاهتمام لضعفه وحاجته إلى ذلك يجعل للعملية التربوية لذّة خاصّة لا يعرف طعمها إلاّ من ارتشف من معينها.
- الحضانة لغة من الحِضْن، وأصله بمعنى «حفظ الشيء وصيانته»، أمّا في الاصطلاح الشرعيّ: فهي تختصّ بما يتعلّق بجانب الاحتياجات البدنية في المراحل العمرية الأولى للطفل.
- إنّ الإسلام حينما منح الأم حقّ الحضانة من الناحية البدنية، لم يكلّفها مسؤولية الإنفاق على طفلها، بل ألقى مسؤولية النفقة الاقتصادية على عاتق الأب.
- إنّ التوافق في ولاية الحضانة له أثر إيجابيّ كبير على الطفل من الناحية التربوية، ويجب على الأبوين أن يسعيّا دوماً للتوافق التربويّ سواء في حالات الوفاق أم الفراق.
- إنّ القانون سواء منح حق الحضانة للأم بطريقة منفردة أو بالشراكة مع الأب تبقى مسألة الشراكة أولى من الناحية التربوية لما لذلك من أثر إيجابيّ على الطفل.
- إنّ مدّة الحضانة المتّفق عليها بين الفقهاء هي حولان كاملان سواء كان الطفل ذكراً أو أنثى.
- إنّ توفّر بعض الصفات والخصائص في الوالدين له أثر فعّال في العملية التربوية، وهذه الصفات مهمّة جداً من الناحية التربوية بغضّ النظر عن الحكم الفقهيّ المحض: كالإسلام، والعقل، والصحّة البدنية، والأمانة، والعدالة.

الدرس العاشر

الولاية التربويّة للأب على الطفل

أهداف الدرس

على المتعلّم مع نهاية هذا الدرس أن:

1. يتعرّف إلى معنى الولاية ومفهومها.
2. يتعرّف إلى أسباب منح الأب الولاية التربوية.
3. يميّز بين الولاية التربوية والتربية.

تمهيد

إنّ الدين الإسلاميّ الحنيف منح الولاية التربوية على الطّفل للأب، وهذا يضعه أمام مسؤولية كبيرة، فينبغي له السعي لأداء هذه الولاية حقّها من خلال حسن التربية للطفل، والعمل على إدارة شؤونه بما يتوافق مع مصلحة الطفل من جهة، ويساهم في تكوين شخصيته بشكل متوازن ليأخذ بيده نحو التربية والتنشئة الصالحة من جهة ثانية.

فما هو مفهوم الولاية؟ وهل لغير الأب ولاية على الطفل أم أنّها حقّ حصريّ له؟ هذا ما سوف نسلط الضوء عليه في درسنا الحاليّ.

الولاية في معناها اللغويّ والاصطلاحيّ

الولاية في أصل اللغة تدلّ على القرب والدنو[1]. وكلّ من ولي من قوم أمراً فهو راعيهم[2]. والولاية بمعنى الأحقّ بالتصّرف.

فهي في اللغة نحو من السلطة والتصرّف والسياسة والرعاية والتدبير.

وفي الاصطلاح الفقهيّ عبارة عن نحو من الإمارة والسلطة لشخص ما تمنحه حقّ التصرّف في شؤون الغير وتدبير أموره. وكما يعبّر الإمام الخميني: «الولاية هي السلطنة على تدبير الأمور أو إضافة بين الوليّ والمولى عليه تستتبعها السلطنة على أموره»[3].

فالولاية منصب شرعيّ يمنح من قِبَل الله تعالى، وينبغي لمن يتصدّى للولاية بإذن الله

---

(1) ابن منظور، لسان العرب، ج15، ص407.

(2) الفراهيدي، العين، ج2، ص240.

(3) الخميني، روح الله، الرسائل، مع تذييلات مجتبى الطهراني، لا.م، مؤسسة اسماعيليان للطباعة والنشر والتوزيع، 1385هـ، لا.ط، ج1، ص272.

تعالى أن يتقيّد بالحدود التي رسمها الله لدائرة ولايته، فيتحمّل المسؤولية وفق الضوابط الشرعية والمنظومة الأخلاقية.

ولاية إدارة الأسرة

الإنسان كائن اجتماعيّ بالفطرة، فلا يمكن أن يتعايش الناس فيما بينهم إلا بوجود قيّم وراعٍ يتولّى مسؤولية اتّخاذ القرارات وتدبير شؤون المجموعة في الجانب الإيجابيّ. وقد ورد عن النبيّ ﷺ، أنّه قال: «**إذا كان ثلاثة في سفر فليؤمّروا أحدهم**»[1].

والأسرة (الأب/ الأم/ الأولاد) هي نواة المجتمع، فلا يمكن أن تترك دون وليّ. والسؤال الذي يطرح نفسه هنا: من هو الشخص الذي منحه الدين الإسلاميّ حقّ الولاية داخل الأسرة؟

إنّ الله تعالى قد قسّم المسؤوليات داخل الأسرة الواحدة، فجعل التربية البدنية للطفل من التغذية واللباس والتنظيف والتمريض والسهر على راحته... من وظائف الأمّ ومسؤوليّاتها في الأسرة، فمنحها ولاية الحضانة على تربية الطفل فيما يتعلّق بهذه الأمور، بسبب الصفات التي منحها إيّاها الله تعالى من الحبّ والقدرة على الصبر والتحمّل فيما يخصّ الطفل من هذه الناحية الخاصّة بالمراحل العمرية الأولى، ومنح الأب حقّ التصرّف واتّخاذ القرار بالنسبة لشؤون الطفل المختلفة والتصرّف في أحواله المتنوّعة. وهذا الحقّ في الواقع ليس تشريفاً بل تكليف وأمانة ومسؤولية، تضع على كاهل الأب حملاً ثقيلاً[2].

أدلّة منح الولاية التربوية للأب دون الأمّ

أجمع الفقهاء على أنّ الدين الإسلاميّ قد منح تمركز حقّ القيّومية وعموم الولاية على الطفل للأب في بيت الأسرة، واعتبروا أنّ الأم لا ولاية قانونياً لها على الطفل. وقد استدلّوا بأدلّة عدّة منها:

(1) السجستاني، أبي داود، سنن أبي داود، تحقيق سعيد محمد اللحام، بيروت، دار الفكر، 1410هـ - 1990م، ط1، ج1، ص587.

(2) يراجع: الغروي، علي، موسوعة الإمام الخوئي، التنقيح في شرح المكاسب، البيع، تقرير بحث السيد الخوئي، قم، مؤسسة إحياء آثار الإمام الخوئي، 1425هـ - 2005م، ط1، ج37، ص136.

1. إجماع الفقهاء على أنّ: «لا ولاية للأمّ ولا لأحد من آبائها على الولد الصغير»[1].

2. عدم وجود دليل في الروايات على أنّ للأم ولاية بل اختصّت فقط بالأب والجدّ (أب الأب).

واستدلّ الفقهاء على منح حقّ الولاية التربوية الأبوية على الطفل بعدّة أدلّة منها:

أولاً: السيرة العقلائية القائمة على أنّ الأب هو من له حقّ التصرّف في شؤون أطفاله.

ثانياً: القراءة الاستقرائية للنصوص الروائية المتفرّقة في عدّة أبواب فقهية[2]. قال الخونساري: «ولاية الأب والجدّ للأب بالنسبة إلى الصغير، فلا إشكال ولا خلاف في ولايتهما في الجملة، ويدلّ عليه ما ورد في الأبواب المتفرّقة»[3].

ثالثاً: الاستدلال المباشر بالنصوص الروائية: حيث استظهر بعض الفقهاء منها عموم ولاية الأب على أطفاله[4]، منها ما رواه محمّد بن مسلم، عن أبي جعفر الباقر عليه السلام - في الرجل يتصدّق على ولده وقد أدركوا -، قال: «**إذا لم يقبضوا حتّى يموت فهو ميراث، فإن تصدّق على من لم يُدرك من ولده فهو جائز، لأنّ والده هو الذي يلي أمره...**»[5].

هل لغير الأب ولاية على الطفل؟

إنّ الولاية هي نحو من السلطة تتعلّق بالجانب التخطيطيّ وصناعة القرارات واتّخاذ الموقف المناسب حول شؤون الطفل في أيّ مجال من مجالات الحياة. أما التربية فتتعلق بالبعد العمليّ الإجرائيّ التنفيذيّ وتختصّ بتنفيذ الخطوات المطلوبة لإيصال الطفل إلى الكمال المستعدّ له، وهنا يأتي السؤال هل هذه الولاية منحصرّة بالأبّ فقط؟

(1) الشيخ الجواهري، جواهر الكلام، ج 29، ص 234.

(2) يراجع: الغروي، التنقيح في شرح المكاسب، البيع، ج37، ص136.

(3) الخوانساري، أحمد، جامع المدارك في شرح المختصر النافع، تحقيق وتعليق على أكبر غفاري، طهران، مكتبة الصدوق، 1405هـ، ط2، ج3، ص95.

(4) يراجع: الروحاني، السيد محمد صادق، فقه الصادق، قم، مؤسسة دار الكتاب، 1412هـ، ط3، ج20، ص313. والحكيم، السيد محمد سعيد، مصباح المنهاج، كتاب التجارة، لا.م، مؤسسة الحكمة للثقافة الإسلامية، 1428هـ - 2007م، ط2، ج2، ص377.

(5) الشيخ الكليني، الكافي، ج7، ص32.

ذهب مشهور الفقهاء إلى أنّ هذه الولاية تتعدّى الأب لتشمل الجدّ (أب الأب) دون الجدّ للأمّ، فلو وقع الاتّفاق بينهما حول القرارات التربوية الخاصّة بالطفل فهو أمر لا خلاف على صحتّه تربوياً.

ولكنّ الكلام وقع فيما لو اختلفت وجهات النظر بين الأب والجدّ، حيث رأى الأب في أمر ما مصلحة للطفل في حين رأى الجدّ أنّه لا مصلحة في هذا القرار، فأيّ رأي يقدّم على الآخر في هذه الحال، ولاية الأبّ أم ولاية الجد (أب الأب)؟

فقالوا: إنّ حقّ ولاية الجدّ في التصرّف يُقدّم على ولاية الأب[1]، وقد استدلوا بروايات عدّة منها: عن عبيد بن زرارة، قُلتُ لأبي عبد الله عليه السلام: «**الجارية يريد أبوها أن يُزوّجها من رجل، ويريد جدّها أن يُزوّجها من رجل آخر، قال** عليه السلام: **الجدّ أولى بذلك ما لم يكن مضاراً، إن لم يكن الأب زوّجها قبله. ويجوز عليها تزويج الأب والجدّ**»[2].

نعم، «**... إنّ كلّاً من الأب والجدّ مستقلّ في الولاية، فلا يلزم الاشتراك ولا الاستئذان من الآخر، فأيّهما سبق مع مراعاة ما يجب مراعاته لم يبق محلّ للآخر. والجدّ مقدّم في صورة التشاحّ**»[3].(أي عند الاختلاف فرأي الجدّ هو المقدَّم).

ولاية الأب مطلقة أم مشروطة؟

وقع الخلاف حول الولاية التربوية للأب هل هي مطلقة دون أي شرط أو قيد أم أنّها مشروطة بالعدالة أو المصلحة مثلاً؟ وقد انقسم الفقهاء إلى قسمين، ولكلّ منهما أدلته الخاصّة:

الرأي الأوّل: القول بالولاية المطلقة: ويقصد بها الولاية التي لا تكون مقيّدة بأيّ قيد إضافيّ، أو مشروطة بأيّ أمر من الأمور كما العدالة أو المصلحة.

---

(1) يراجع: الخميني، روح الله الموسوي، كتاب البيع، طهران، تحقيق ونشر مؤسسة تنظيم ونشر آثار الإمام الخميني، 1421هـ، ط1، ج2، ص593.

(2) الشيخ الكليني، الكافي، ج5، ص395.

(3) الأنصاري، محمد علي، الموسوعة الفقهية الميسرة، لا.م، مجمع الفكر الإسلامي، 1415هـ، ط1، ص148.

وقد استدلّوا على رأيهم بإطلاق النصوص الدينية حيث لم تقيِّد الأمر بالعدالة أو غيرها خصوصاً إذا أخذنا بعين الاعتبار أنّ الأب مفطور على حبّ أبنائه والشفقة عليهم والمحبة لهم»[1].

وبالسيرة العقلائية القائمة على أنّ الأب الفاسق أيضاً يتولّى شؤون أطفاله من دون إنكار من قبل الشارع. بالإضافة إلى أنّ إسناد الولاية إلى غير الأب له مضارّ على الطفل أشدّ من مضار الأب الفاسق. خصوصاً أن الفسق لا ينافي الرأفة والرحمة بالأطفال وحسن ولايتهم.

بالإضافة إلى ما سيترتّب على إسناد الولاية لغير الأب من صراع ونزاع ومشاكل اجتماعيّة بين أبناء المجتمع الواحد.

نعم، لا شكّ أنّ شرط العدالة كما ذهب إليه أصحاب الرأي الثاني يُشكّل قيمة أخلاقية في تصرّف الأب بشكل أصلح فيما يتعلّق بتربية الطفل. ويبقى للحاكم الشرعيّ حقّ عزل الأب إذا وجد أنّه يتصرف ضدّ مصلحة الطفل بنحو يلحق الضرر به، كما أشار الإمام الخمينيّ: «الظاهر أنّه لا يُشترط العدالة في ولاية الأب والجد، فلا ولاية للحاكم مع فسقهما، لكن متى ظهر له ولو بقرائن الأحوال الضرر منهما على المولّى عليه عزلهما ومنعهما من التصرّف»[2].

الرأي الثاني: الولاية المشروطة: ويقصد بها الولاية المقيّدة بشروط خاصة كالعدالة وليست على نحو الإطلاق.

حيث ذهب بعض الفقهاء إلى اشتراط العدالة في الولاية التربوية للأب (بمعنى أن لا يكون الأب ظالماً وفاساقاً)، معتبرين أنّ الإسلام حينما منح الأب الولاية على الطفل لم يمنحه إيّاها لجهة أبوّته فقط، بل اشترط أن تضمّ صفة العدالة إلى الأبوّة حتى تصحّ الولاية، إذاً «**يُشكل الأمر-أي الولاية- في الأب الفاسق... والأب تعود ولايته بالتوبة**»[3].

---

(1) الكركي، المحقق علي بن الحسين، جامع المقاصد في شرح القواعد، قم، تحقيق ونشر مؤسسة آل البيت لإحياء التراث، 1411هـ، ط1، ج11، ص276.

(2) الإمام الخميني، تحرير الوسيلة، ج2، ص14.

(3) الحلي، الحسن بن يوسف، قواعد الأحكام في معرفة الحلال والحرام، قم، مؤسسة النشر الإسلامي، 1413هـ، ط1، ج2، ص564.

وقد استدلّ أصحاب هذا الرأي بما ورد في القرآن الكريم وذلك قوله تعالى: ﴿وَلَا تَرْكَنُوٓاْ إِلَى ٱلَّذِينَ ظَلَمُواْ فَتَمَسَّكُمُ ٱلنَّارُ﴾[1]، معتبرين أنّ جعل الولاية للأب الظالم على الأطفال ركون إليه[2].

شرطية المصلحة وعدم المفسدة

من الأمور التي وقع الخلاف حولها فيما يتعلّق بولاية الأب شرطية المصلحة أو عدم المفسدة.

وقد ورد في هذه المسألة رأيان عند الفقهاء:

الرأي الأول: اعتبار المصلحة في الولاية

والمقصود باعتبار المصلحة في هذا المقام أن يدرس الوليّ ما هو الخيار الذي فيه مصلحة للطفل ويتصرّف على ضوء هذا الخيار، بحيث تسقط ولايته إذا لم يسلك هذا المنهج، ويرى بعض الفقهاء: أنّ الحكمة في أصل تشريع الولاية على الطفل هي مراعاة مصلحته في كلّ الأمور، لذلك فإنّ ولاية الأب مشروطة بمراعاة مصلحة الطفل، أو يسلب منه حقّ الولاية.

الرأي الثاني: اعتبار عدم المفسدة في الولاية

والمقصود أنّه يجب على الوليّ أن لا يأتي بأي تصرّف يلحق المفسدة بالطفل. ويرى مشهور الفقهاء: أنّ الحكمة تقتضي عدم وجود مفسدة بحقّ الطفل، ووجود المصلحة لا يعدّ شرطا، بالإضافة إلى وجود أمر بين الأمرين بمعنى أنّه ليس كلّ تصرّف يخلو من المصلحة من الضروريّ أن تترتّب عليه مفسدة للطفل، بل قد يكون التصرّف خالياً من المصلحة والمفسدة معاً.

---

(1) سورة هود، الآية 113.

(2) يراجع: الإمام الخميني، كتاب البيع، ج2، ص599.

المفاهيم الرئيسة

- إنّ الدين الإسلاميّ الحنيف أولى مسألة الولاية التربوية للأب، وهذا يضعه أمام مسؤولية كبيرة، فينبغي له السعي لأداء هذه الولاية حقّها من خلال حسن التربية للطفل.

- الولاية في أصل اللغة تدلّ على القرب والدنوّ. وكلّ من ولي من قوم أمراً فهو راعيهم.

- الولاية منصب شرعيّ يمنح من قِبَل الله، وينبغي لمن يتصدّى للولاية بإذن الله تعالى أن يتقيّد بالحدود التي رسمها الله لدائرة ولايته، فيتحمّل المسؤولية وفق الضوابط الشرعية والمنظومة الأخلاقية.

- إنّ الله تعالى منح الأب حقّ الولاية التربوية على الطفل، وهذا الحقّ في الواقع ليس تشريفاً بل تكليف وأمانة ومسؤولية، تضع على كاهل الأب حملاً ثقيلاً.

- ذهب مشهور الفقهاء إلى أنّ هذه الولاية تتعدّى الأب لتشمل الجدّ (أب الأب) فقط دون الجدّ للأم.

- وقع الخلاف في ولاية الأب في كونها مطلقة أو مشروطة، وقد قدم كلّ من الفريقين أدلّة على رأيه.

- إنّ مقوّم معنى الولاية التربوية هو الانتقال بالطفل من النقص إلى الكمال فالأكمل.

الدرس الحادي عشر

تربية العقل وتنمية مهارات التفكير

أهداف الدرس

على المتعلّم مع نهاية هذا الدرس أن:

1 . يدرك معنى تربية العقل على التفكير.

2 . يتعرّف إلى الأساليب التربوية لتنمية العقل عند الطفل.

3 . يبيّن دور التربية الأخلاقيّة في تنمية التفكير.

تعريف العقل

عن الإمام عليّ عليه السلام: «**خير المواهب العقل**»[1]. فالعقل خير عطية وهبها الله تعالى للإنسان. والعقل هو قوة التفكير، وبه يتميّز الإنسان عن باقي الكائنات المشاركة له في وحدة الحياة. عن الإمام عليّ عليه السلام: «**الإنسان بعقله**».[2].

وهو أحبّ المخلوقات إلى عزّ وجلّ. وقد خاطبه الله تعالى: «**وعزتي وجلالي ما خلقت خلقاً هو أحبّ إليّ منك**»[3].

لذلك ينبغي تربية العقل وتوجيهه نحو الأهداف الإلهية.

تربية العقل والتفكير وأهدافهما

تربية العقل والتفكير عبارة عن عملية إيصال الطفل إلى مرحلة يستطيع فيها توظيف عقله في إدراك حقيقة الأمور، والتمييز بين حالات الكمال والنقص والحسن والقبح، واستثماره بطريقة إيجابية ليتمكّن من القيام بدوره ضمن سلسلة من النشاطات الذهنية ومنها: حفظ المعلومات وتخزينها، وتذكّرها واسترجاعها، والمقارنة بين الأشياء.. والسيطرة على النفس وقيادتها نحو الهدف الذي خُلِقت لأجله.

فتربية العقل وتنمية التفكير تهدفان إلى تحقيق ملكات عدّة عند الطفل أهمّها:

أ- دقّة الملاحظة الحسيّة (من خلال الحواسّ) والتأمّل فيما حوله من مظاهر الطبيعة والكائنات فضلاً عن المواقف التي تحصل معه والخبرات التي يكتسبها.

---

(1) الواسطي، عيون الحكم والمواعظ، ص237.

(2) م.ن، ص61.

(3) الشيخ الكليني، الكافي، ج1، ص10.

ب- تفعيل القدرة الذهنية لدى الإنسان وحثّها على التلقّي والاستيعاب والفهم، من خلال تذكّر المعلومات واسترجاعها، بالإضافة إلى المقارنة بين الأشياء فضلاً عن الربط بينها.. إلخ.

ج- فنّ معالجة المعلومات وتحليلها وترتيبها بنحو يتمكّن فيه من توليد أفكار جديدة ومنظّمة، وحلّ المشكلات ومواجهة الصعوبات، بمهارات مختلفة.

وقد أكدّ الإمام الخامنئيّ على ضرورة تعليم الطفل التفكير والفلسفة حيث يقول: «إنّ الكثيرين في مجتمعنا لا يخطر ببالهم من الأساس أنّ الفلسفة هي أمرٌ مهمٌّ للطفل. فبعض الأشخاص يتصوّرون أنّ الفلسفة هي نوع من الهذر، وبعضهم يلتفت إليها في آخر عمره، لكنّ الأمر ليس كذلك. إنّ الفلسفة عبارة عن تشكيل الفكر وتعليم الفهم، وتعويد الذهن على التفكّر والتفهّم، وهذا الأمر ينبغي أن يكون منذ بداية الطفولة. والقالب والشكل مهمٌّ في فلسفة الأطفال، وكذلك المحتوى والمضمون، لكنّ الأساس هو الأسلوب، أي أن يعتاد الطفل منذ بداية طفولته على التفكّر، وعلى التعقُّل»[(1)].

أثر تربية العقل على تحقيق هدف التربية

إنّ الهدف الأسمى في العملية التربوية للعقل عند الطفل يكمن في تحقيق الهدف النهائيّ من وجوده المشار إليه في القرآن الكريم ﴿وَمَا خَلَقْتُ ٱلْجِنَّ وَٱلْإِنسَ إِلَّا لِيَعْبُدُونِ﴾[(2)]، أيْ معرفة الله تعالى وعبادته. لذا يجب القيام بعملية ربط مهارات التفكير عند الطفل باكتشاف الله تعالى وصفاته في الطبيعة والكون. يقول الإمام الخامنئيّ حفظه الله: «إنّ تربية قدرة التفكير والعقل في المجتمع هي مفتاح تسوية المشاكل، ولجم النفس، وتمهيد الأرضية أمام الإنسان لعبادة الله»[(3)].

(1) الإمام الخامنئي، خطاب الولي 2012، إعداد مركز نون للتأليف والترجمة، بيروت، جمعية المعارف الإسلامية الثقافية، 2013م، ط1، ص456، كلمة الإمام الخامنئي دام ظله في لقاء المعلّمين وأساتذة جامعات خراسان الشمالية، بتاريخ 2012/10/11م.

(2) سورة الذاريات، الآية 56.

(3) الموقع الرسمي للإمام الخامنئي، www.leader.ir/ar/conten.

فالإنسان لا يمكن أن يصل إلى كمال النفس ومعرفة حقائق الأمور إلّا من خلال العقل الذي من خلاله يتمكّن من التمييز بين الحقّ والباطل، عن النبيّ ﷺ، أنّه قال: «**العقل نور في القلب، يفرّق به بين الحقّ والباطل**»[1]. هذا من الناحية النظرية.

أمّا من الناحية العملية فالإنسان من خلال العقل يمكنه السيطرة على نفسه وجعلها متمسّكة بظاهر الشريعة الإسلامية، والتحلّي بالفضائل الأخلاقية والتخلّي عن الرذائل، ليصل إلى معرفة الله تعالى والارتباط به.

عن الإمام جعفر الصادق عليه السلام، أنّه قال: «**... فبالعقل عرف العباد خالقهم وأنّهم مخلوقون، وأنّه المدبّر لهم وأنّهم المدَبَّرون، وأنّه الباقي وهم الفانون، واستدلّوا بعقولهم على ما رأوا من خلقه، من سمائه وأرضه، وشمسه وقمره، وليله ونهاره، وبأن له ولهم خالقاً ومدبراً، لم يزل ولا يزول، وعرفوا به الحسن من القبيح، وأنّ الظلمة في الجهل، وأن النور في العلم، فهذا ما دلّهم عليه العقل...**»[2].

والقرآن الكريم حثّ وحفّز في عشرات الآيات على التفكير، والتدبّر، والنظر، والتعقل، والتبصّر... إلخ، فضلاً عن أنّ الروايات الواردة عن أهل البيت عليهم السلام أكّدت على العلاقة التلازمية بين العقل والدين، عن الإمام الصادق عليه السلام، أنه قال: «**من كان عاقلاً كان له دين، ومن كان له دين دخل الجنّة**»[3].

دور الأسئلة في التربية العقلية الطفل

ينبغي للمربّي في عملية تربية العقل والتفكير عند الطفل استعمال أسلوب طرح جملة من الأسئلة من خلال تتبّع عادات الطفل الذهنية مع الأشياء، ثمّ يقوم بالبحث عن أجوبتها، مثال:

- هل يطرح طفلي الأسئلة ويكثر من إثارة الاستفهامات؟
- هل يسأل عن الأمور التي لا يفهمها، ويقتنع بالجواب الذي يحصل عليه ؟
- هل يحفظ المعلومات بسرعة أم يحتاج إلى تكرارها عدة مرات؟

---

(1) الديلمي، الحسن بن محمد، إرشاد القلوب، قم، انتشارات الشريف الرضي، 1415هـ، ط2، ج1، ص198.

(2) الشيخ الكليني، الكافي، ج1، ص29.

(3) م.ن، ص11.

- هل يتمتّع بدقّة الملاحظة الحسّية ويتأمّل في المواقف التي تحصل أمامه أم لا يبدي اهتماماً؟
- هل لديه قدرة على المقارنة بين الأشياء؟
- هل يدعم آراءه بالشواهد والأدلة؟
- هل يتّخذ القرارات بنفسه أم يعتمد دائماً أو غالباً على الآخرين؟
- هل يستسلم للمشكلات التي تواجهه أم يضع الحلول والبدائل المتنوعة؟
- هل يحوّل الأفكار إلى سلوك؟
- هل يتعلّم من أخطائه ولا يعيد تكرارها؟

أساليب تنمية التفكير الصحيح

هناك أساليب عدّة ينبغي للمربّي اعتمادها لتنمية التفكير الصحيح عند الطفل أهمّها:

تشجيع الطفل على طرح الأسئلة

يولد الطفل وذهنه خال من المعرفة التي تلعب دوراً أساساً في عملية التفكير لديه، وفي الوقت نفسه يكمن داخله حبّ الاستطلاع، ولا بدّ من تفعيل هذا الأمر بتشجيعه على طرح الأسئلة، لأنّ السؤال مفتاح خزائن العلوم كما ورد عن رسول الله ﷺ: **«العلم خزائن ومفتاحها السؤال»**[1].

وبالتالي فإنّ التدريب على السؤال في الصغر يؤدي إلى أن يصبح الطفل من أهل الإجابة في الكبر، عن الإمام علي عليه السلام، قال: **«من سأل في صغره أجاب في كبره»**[2].

لذا، على المربّي تشجيع الطفل على طرح الأسئلة وإثارة الاستفهامات حول كلّ ما يحيط به في الحياة، دون حياء حتى لا يسدّ على نفسه باب المعرفة. عن الإمام الباقر عليه السلام: **«سَلْ ولا تستنكف ولا تستحي، فإنّ هذا العلم لا يتعلّمه مستكبر ولا مستحي»**[3].

---

(1) الرضي، محمد بن حسين، المجازات النبوية، تحقيق طه محمد الزيني، قم، منشورات مكتبة بصيرتي، لا.ت، لا.ط، ص209.

(2) الواسطي، عيون الحكم والمواعظ، ص447.

(3) الشيخ الصدوق، علل الشرائع، ج2، ص606.

وفي المقابل عليه إظهار التفاعل الإيجابيّ مع أسئلة الطفل وإشعاره بأهمية سؤاله وإعجابه به، وعدم التعامل مع أسئلته بسخرية واستهزاء، لأنّ الهدف خصوصاً في الطفولة المبكّرة ليس اكتشاف مهارات الطفل في كيفية طرح الأسئلة، بل تنمية حسّ المبادرة إلى السؤال بغض النظر عن طبيعته.

وفي مرحلة لاحقة يسعى لتنمية حسن السؤال عند الطفل، لأنّ «حسن السؤال نصف العلم»[1] كما روي عن رسول الله ﷺ، ويمكن للوصول إلى هذا الهدف اعتماد اللجوء إلى أسلوب إعادة صياغة سؤال الطفل بشكل أفضل على مسامعه من دون توهينه.

وكلما تقدّمت المرحلة العمرية للطفل ينبغي السير التطوّري معه بتعليمه آداب السؤال، بأن يكون هدفه الأساس من السؤال هو تحصيل المعرفة، وليس إحراج المعلّم أو الوالدين أو الصديق وتغليطهم. عن الإمام الصادق عليه السلام: «**فاسأل العلماء ما جهلت، وإياك أن تسألهم تعنتاً وتجربة...**»[2].

وعلى المربّي أن لا يترك أسئلة الطفل عالقة دون أجوبة، وعليه أن يكون حريصاً كلّ الحرص على عدم الإجابة بطريقة خاطئة تشوّه فهم الطفل، لذا، إذا لم يكن الجواب حاضراً في ذهنه أن يسعى لكي يأخذ الطفل في عملية بحث مشترك عن الجواب، أو عليه استشارة أهل الخبرة والاختصاص والمعرفة بموضوع السؤال أمام الطفل ليسمع الطفل الجواب منهم، وليفهمه بأسلوب غير مباشر أنّ سؤال الآخرين أمر طبيعيّ.

تقوية الملاحظة الحسيّة عند الطفل

من الأساليب المهمة في عملية تنمية التفكير تقوية الملاحظة الحسية عند الطفل؛ لأنّ الإنسان عموماً والطفل خصوصاً كائن حسّي أكثر منه عقليّ[3]، وعليه أن يعوّد الطفل على الالتفات إلى جميع التفاصيل، دون أن يغفل شيئاً منها، ويمكنه أن يلجأ إلى أساليب عدّة

(1) الكراجكي، محمد بن علي، كنز الفوائد، تحقيق عبد الله نعمة، بيروت، دار الأضواء، 1985م، ط1، ص287.

(2) الطبرسي، الشيخ علي، مشكاة الأنوار في غرر الأخبار، تحقيق مهدي هوشمند، لا.م، دار الحديث، 1418هـ، ط1، ص564.

(3) الصدر، السيد محمد باقر، موجز في أصول الدين، تحقيق ودراسة عبد الجبار الرفاعي، لا.م، مطبعة شريعت، 1422هـ2001-م، لا.ط، ص224-225. ويراجع: ص224-240، فإنه بحث لطيف حول الموضوع.

في هذا المقام، كأن يعمد إلى وضع لوحة معيّنة أمام الطفل، أو يجلس معه في الطبيعة، أو حتّى في غرفة المنزل، ويسأله أن يصف له مشاهداته، ويعرض له ما هو موجود في الغرفة، ويدوّن ذلك على ورقة، ليرى دقّة ملاحظته وسرده للتفاصيل.

ونلاحظ أنّ القرآن الكريم حثّ الإنسان على التفكير الحسّيّ والتأمّل والملاحظة، فتارة يحثّه على النظر إلى الإبل كما في قوله تعالى: ﴿أَفَلَا يَنظُرُونَ إِلَى ٱلْإِبِلِ كَيْفَ خُلِقَتْ﴾[1]، وإلى الرياح كما قال تعالى: ﴿وَأَرْسَلْنَا ٱلرِّيَٰحَ لَوَٰقِحَ فَأَنزَلْنَا مِنَ ٱلسَّمَآءِ مَآءً فَأَسْقَيْنَٰكُمُوهُ وَمَآ أَنتُمْ لَهُۥ بِخَٰزِنِينَ﴾[2]، وأخرى إلى الكواكب والنبات... مشيراً إلى أنّ هذا النوع من التأمّل في الآيات الآفاقية يربط الإنسان بمعرفة الله تعالى.

تنشيط مهارة عصف الأفكار

إنّ تعويد الطفل على العصف الذهنيّ ومشاركة الأفكار مع مجموعة من الأطفال يؤدّي إلى تفتّح الآفاق المعرفية عنده وإرشاده إلى الرأي الصحيح، فضلاً عن كونه يشجّعه على إبداء رأيه ومناقشة الآخرين ومحاولة إقناعهم بالأدلّة واحترام الآراء مع اختلافها.

عن الإمام عليّ عليه السلام، أنّه قال: «**اضربوا بعض الرأي ببعض يتولّد منه الصواب**»[3].

كما أنّ تدريب الطفل على مهارة العصف الذهنيّ تضعف من حبّ الاستبداد عنده والتعصّب لأفكاره أو فرضها على الآخرين، عن الإمام عليّ عليه السلام: «**من استبدّ برأيه هلك**»[4].

تنمية حسّ التعامل مع المعلومات

هناك أساليب عدّة في هذا المقام أهمّها:

- تعويد الطفل على الاعتراف بالجهل. عن الإمام عليّ عليه السلام: «**غاية العقل الاعتراف بالجهل**»[5].

(1) سورة الغاشية، الآية17.

(2) سورة الحجر، الآية22.

(3) الواسطي، عيون الحكم والمواعظ، ص91.

(4) نهج البلاغة، ج4، باب المختار من حكم أمير المؤمنين عليه السلام، حكمة 161.

(5) الواسطي، عيون الحكم والمواعظ، ص241.

- تعويد الطفل على فهم المعلومات وليس مجرّد حفظها. عن الإمام عليّ عليه السلام: **«ألا لا خير في علم ليس فيه تفهّم»**[1].
- تعويده على التحقّق من مصداقية المعلومات التي يحصل عليها وتوجيهه إلى أهمّ المصادر التي ينبغي له أخذ معلوماته منها، عن زيد الشحّام، عن أبي جعفر عليه السلام، في قول الله عزّ وجلّ: ﴿فَلْيَنظُرِ ٱلْإِنسَٰنُ إِلَىٰ طَعَامِهِۦٓ﴾[2]؟ قال: قلت: ما طعامه ؟ قال عليه السلام: **«علمه الذي يأخذه، عمّن يأخذه»**[3].
- تعويد الطفل على النظر إلى الآراء بحدّ ذاتها بغضّ النظر عن قائلها في تقويم صوابها وخطئها.

عن الإمام عليّ عليه السلام: **«خذ الحكمة ممّن أتاك بها، وانظر إلى ما قال، ولا تنظر إلى من قال»**[4].

- تدريبه على اكتشاف التناقضات في المعلومات والآراء والمواقف، حتّى لا يغترّ بالخدع والأخطاء، عن الإمام عليّ عليه السلام: **«فساد العقل الاغترار بالخدع»**[5].
- تشجيع الطفل على خوض التجارب الذاتية في اكتشاف المسائل وبناء الخبرات، عن الإمام عليّ عليه السلام: **«العقل غريزة تربّيها التجارب»**[6].
- تعليمه كيفية ترتيب الأولويات في ضوء الأهمّ والمهمّ من جهة، والسيّئ والأسوأ من جهة ثانية، عن الإمام عليّ عليه السلام: **«ليس العاقل من يعرف الخير من الشرّ، ولكن العاقل من يعرف خير الشرّين»**[7].

---

(1) الشيخ الكليني، الكافي، ج1، ص36.
(2) سورة عبس، الآية 24.
(3) الشيخ الكليني، الكافي، ج1، ص50.
(4) الواسطي، عيون الحكم والمواعظ، ص241.
(5) م.ن، ص357.
(6) ابن أبي الحديد، عبد الحميد بن هبة الله المدائني، شرح نهج البلاغة، تعليق حسين الأعلمي، بيروت، مؤسسة الأعلمي، 1415هـ - 1995م، ط1، ج20، ص341.
(7) الشافعي، محمد بن طلحة، مطالب السؤول في مناقب آل الرسول، تحقيق ماجد أحمد العطية، لا.م، لا.ن، لا.ت، لا.ط، ص250.

دور الأخلاق والأدب في تنمية العقل والتفكير

من الأصول الإسلامية المهمّة المميّزة في تربية العقل والتفكير عند الطفل والإنسان، تدريب الطفل على التحلّي بالفضائل والتخلّي عن الرذائل لارتباطها بشكل وثيق بعملية تنمية التفكير الإيجابيّ، وإقصاء التفكير السلبيّ. عن الإمام عليّ عليه السلام: «غير منتفع بالحكمة عقل معلول بالغضب والشهوة»[1].

لذا، يقول العلّامة الطباطبائيّ: «الإنسان إذا فسد دينه الفطريّ، ولم يتزوّد من التقوى الدينيّة لم تعتدل قواه الداخلية المحسّة من شهوة أو غضب أو محبّة أو كراهة وغيرها، ومع اختلال أمر هذه القوى لا تعمل قوّة الإدراك النظرية عملها عملاً مرضياً»[2].

دور التغذية في تنمية التفكير

من المسائل المهمّة التي تساهم في تنمية التفكير عند الطفل طبيعة الغذاء الذي يتناوله، حيث إنّ هناك العديد من الأطعمة والأشربة التي تلعب دوراً مهماً في تفعيل النشاط العقليّ عنده، ويمكن استشارة أهل الاختصاص في الطبّ والتغذية عنها، وقد تعرّض بعض الأحاديث والروايات لأنواع من تلك الأطعمة والأشربة، كالقرع، والسفرجل، والكرفس، واللبان، والعسل، والرمان، والخلّ، والفرفخ، والسذاب[3]،... إلخ، نقتصر على ذكر بعضها:

- عن أبي الحسن موسى الكاظم عليه السلام، قال: «**كان فيما أوصى به رسول الله صلى الله عليه وآله وسلم عليّاً عليه السلام أنّه قال له: يا عليّ، عليك بالدباء [القرع]، فكُلْه، فإنّه يزيد في الدماغ والعقل**»[4].
- وعن رسول الله صلى الله عليه وآله وسلم: «**عليكم بالكرفس، فإنّه إن كان شيء يزيد في العقل فهو هو**»[5].

(1) التميمي الآمدي، عبد الواحد بن محمد، تصنيف غرر الحكم ودرر الكلم، تحقيق وتصحيح مصطفى درايتي، إيران، قم، مكتب الإعلام الإسلامي، 1407هـ، ط1، ص65.

(2) العلامة الطباطبائي، الميزان في تفسير القرآن، ج5، ص311.

(3) السذاب: نوع من النبات.

(4) الشيخ الكليني، الكافي، ج6، ص371.

(5) مستغفري، أبو العباس، طب النبي، لا.م، انتشارات رضي، 1362هـ.ش.، ط1، ص31.

- وعنه صلى الله عليه وآله وسلم: «**عليكم باللبان، فإنّه... يزيد في العقل، ويذكّي الذهن، ويجلو البصر، ويذهب النسيان**»[1].
- وعنه صلى الله عليه وآله وسلم: «**عليكم بالفرفخ فهي المكيسة**[2]**، فإنّه إن كان شيء يزيد في العقل فهي**»[3].
- وعن الإمام الرضا عليه السلام: «**عليكم بالسفرجل، فإنّه يزيد في العقل**»[4].

---

(1) المجلسي، محمد باقر، بحار الأنوار الجامعة لدرر أخبار الأئمة الأطهار، تحقيق ابراهيم الميانجي ومحمد باقر البهبودي، بيروت،مؤسسة الوفاء، 1403هـ - 1983م، ط2، ج59، ص300.

(2) المكيسة: من الكياسة، أي الفطنة والذكاء.

(3) البرقي، أحمد بن محمد بن خالد، المحاسن، بيروت، مؤسسة الأعلمي للمطبوعات، 1429هـ - 2008م، ط1، ج2، ص517.

(4) الشيخ الطبرسي، مكارم الأخلاق، ص172.

المفاهيم الرئيسة

- عن الإمام عليّ عليه السلام: «**خير المواهب العقل**». **فالعقل خير عطية وهبها الله تعالى للإنسان، والعقل هو قوّة التفكير، وبه يتميّز الإنسان عن باقي الكائنات المشاركة له في وحدة الحياة. عن الإمام عليّ** عليه السلام: «**الإنسان بعقله**».
- تربية العقل والتفكير عبارة عن عملية إيصال الطفل إلى مرحلة يستطيع فيها توظيف عقله في إدراك حقيقة الأمور، والتمييز بين حالات الكمال والنقص والحسن والقبح، واستثمارها بطريقة إيجابية لتتمكّن من القيام بدورها ضمن سلسلة من النشاطات الذهنية.
- فالإنسان لا يمكن أن يصل إلى كمال النفس ومعرفة حقائق الأمور إلّا من خلال العقل الذي من خلاله يتمكّن من التمييز بين الحقّ والباطل، عن النبيّ صلى الله عليه وآله وسلم، أنّه قال: «**العقل نور في القلب، يفرّق به بين الحق والباطل**». هذا من الناحية النظرية.
- أمّا من الناحية العملية فالإنسان من خلال العقل يمكنه السيطرة على نفسه وجعلها متمسّكة بظاهر الشريعة الإسلامية، والتحلّي بالفضائل الأخلاقية والتخلّي عن الرذائل، ليصل إلى معرفة الله تعالى والارتباط به.
- من الأساليب المهمّة في عملية تنمية التفكير تقوية الملاحظة الحسّية عند الطفل؛ لأنّ الإنسان عموماً والطفل خصوصاً كائن حسّيّ أكثر منه عقليّ، وعليه أن يعوّد الطفل على الالتفات إلى جميع التفاصيل، دون أن يغفل شيئا منها.
- من الأصول الإسلامية المهمة المميّزة في تربية العقل والتفكير عند الطفل والإنسان، تدريب الطفل على التحلّي بالفضائل والتخلّي عن الرذائل لارتباطها بشكل وثيق بعملية تنمية التفكير الإيجابيّ، وإقصاء التفكير السلبيّ. عن الإمام عليّ عليه السلام: «**غير منتفع بالحكمة عقل معلول بالغضب والشهوة**».

الدرس الثاني عشر

التربية العقائديّة

أهداف الدرس

على المتعلّم مع نهاية هذا الدرس أن:

1 . يدرك أهمية التربيّة العقائدية للطفل.

2 . يتعرّف إلى المنهج الأقوم في إيصال المفاهيم العقائديّة للطفل.

3 . يتعرّف إلى أساليب التربية العقائديّة.

تمهيد

إنّ من أهمّ حقوق الطفل على والديه تربيته على الدين الحنيف وزرع العقيدة الثابتة في عقله وقلبه حتّى يصبح بصيراً في أمر دينه ودنياه، وقد أشارت الروايات إلى هذه المسألة، روي عن الإمام العسكريّ عليه السلام: أنّ الله تعالى يكسو بعض الوالدين حلّة لا تقوم لها الدنيا بما فيها، فينظر إليهما الخلائق فيعظمونهما، وينظران إلى أنفسهما فيعجبان منهما، «**فيقولان: يا ربنا أنّى لنا هذه ولم تبلغها أعمالنا؟... فيقال هذا بتعليمكما ولدكما القرآن، وبتبصيركما إيّاه بدين الإسلام...**»[1].

فينبغي للأهل إيلاء التربية الدينية اهتماما خاصّاً، وتشمل هذه التربية ثلاثة أبعاد: التربية العقائدية، والتربية الأخلاقية، والتربية الفقهية. ورأس هرمها التربية العقائدية.

أثر التربية العقائدية على الطفل

تنطوي التربية العقائدية للطفل على بعدين:

الأوّل: إيجابيّ: ويهتمّ بتهيئة الطفل وتقوية استعداداته لقبول العقائد والمعارف الحقّة المتعلّقة بالله تعالى وصفاته والنبوّة والإمامة والمعاد.

والثاني: سلبيّ: أي إبعاد الطفل عن البيئة التي تشتمل على عقائد باطلة أو منحرفة.

وتلعب التربية العقائدية السليمة دوراً حيوياً في بناء هوية الطفل، وتهدف إلى الإجابة عن الكثير من التساؤلات التي يطرحها وخاصّة تلك المتعلّقة بعالم الغيب، كسؤاله عن الخالق جلّ وعلا أو الموت... فإنّ الإجابات التي يقدّمها الدين الإسلاميّ في هذا المجال

---

(1) العلامة المجلسي، بحار الأنوار، ج7، ص306.

كفيلة بمنح الطفل شعوراً بالأمان والسكينة، يزيل القلق والخوف من المستقبل المجهول في نفس الطفل.. وهذا ما نلمسه في حياة الأنبياء عليهم السلام، فيوسف عليه السلام ذلك الطفل الذي كان في التاسعة من عمره حين ألقاه أخوته في غيابة الجُبّ، وعندما التقطه بعض السيّارة وأُخرج عليه السلام من البئر، قال لهم قائل: استوصوا بهذا الغريب خيراً، فقال لهم يوسف: **«من كان مع الله فليس عليه غربة»**[1].

مناهج التربية العقائدية

يعتبر بعض الناس أنّ التربية العقائدية والدينية للطفل تتجاوز قدراته الذهنية وتفوق استيعابه، وأنّها تؤدّي إلى انعكاسات سلبية على بناء شخصيته، أو تسلبه حريّة الاختيار في انتخاب العقيدة التي يريدها عن بحث وتنقيب.

ومن حقّ الباحث التربويّ أن يطرح مثل هذه الأسئلة حول التربية العقائدية للطفل: هل يستوعب الطفل المسائل العقائدية حتّى نربّيه عليها؟ وفي أيّ مرحلة عمرية ننطلق بعملية التربية العقائدية للطفل؟ وما هي طبيعة القضايا العقائدية التي نبدأ بتعريفه عليها؟...إلخ.

إنّ الطرق إلى الله تعالى بعدد أنفاس الخلائق، ويمكن التعامل مع مسألة وجود الله تعالى من خلال مناهج عدّة، ومن أهمها منهجان:

الأول: المنهج النظريّ الذي يعتمده الفلاسفة من خلال تقديم أدلّة استدلالية عقلية لمعرفة الله تعالى، حيث يقيمون الأدلّة التي تحتاج إلى إعمال فكر لإثبات وجود الله تعالى. وهذه الطريقة بعيدة عن أفهام عامة الناس فضلاً عن أذهان الأطفال.

الثاني: المنهج الفطريّ الذي يعمل على مخاطبة الفطرة الداخلية في الإنسان، حيث إنّ الفطرة مجبولة على الإيمان بالله تعالى، وهذا المنهج سلكه عامّة الناس في حياتهم الإيمانية في خطّ علاقتهم مع الله تعالى، كما سلكه أئمّة أهل البيت عليهم السلام في التربية العقائدية، فقد

(1) الزمخشري، ربيع الأبرار ونصوص الأخبار، تحقيق عبد الأمير مهنا، بيروت، مؤسسة الأعلمي للمطبوعات، 1412هـ-1992م، ط1، ج3، ص5.

قال رجل للإمام جعفر الصادق عليه السلام: «**يا بن رسول الله دلّني على الله ما هو، فقد أكثر عليّ المجادلون وحيّروني.**

فقال له: يا عبد الله، هل ركبت سفينة قطّ؟ قال: نعم.

قال: فهل كسر بك حيث لا سفينة تنجيك ولا سباحة تغنيك؟ قال: نعم.

قال: فهل تعلّق قلبك هنالك أن شيئاً من الأشياء قادر على أن يخلصك من ورطتك»؟

فقال: نعم. قال الصادق عليه السلام: «**فذلك الشيء هو الله القادر على الإنجاء حيث لا منجي، وعلى الإغاثة حيث لا مغيث**»[1].

وإذا قمنا باستقراء النصوص القرآنية ومنهج أهل البيت عليهم السلام نرى أنهم يؤكّدون على فعّالية المنهجين معاً، بمعنى أنّه لا تعارض بين المنهجين وأنّ الإنسان يحتاج إلى كليهما.

ومن هنا بما أنّ العملية التربوية تدريجية وتراعي مستوى الفهم والإدراك عند الطفل، فالأسلوب الأصلح لتربية الطفل عقائدياً البدء معه بالمنهج الفطريّ، وبعد ذلك يتدّرج معه للوصول إلى تلك المعرفة بالأدلّة العقائدية.

وخاصّة أنّ الأطفال قد فطروا على توحيد الله تعالى، وما على المربّي إلاّ أن ينمّي تلك القابليات الموجودة في داخلهم، فعن أبي عبد الله عليه السلام، قال: «**قال موسى بن عمران عليه السلام: يا ربّ، أيّ الأعمال أفضل عندك؟ فقال عزّ وجلّ: حبّ الأطفال، فإنّي فطرتهم على توحيدي، فإن أمّتهم أدخلتهم برحمتي الجنّة**»[2].

إنّ الله تعالى جهّز وجدان الطفل بشكل فطريّ في الاهتداء والوصول إلى معرفة الله تعالى والإيمان به، لكنّ الفطرة بحدّ نفسها ليست عنصراً مستقلاً وكافياً في ذلك، ولذا يبقى الطفل في وصوله إلى معرفة الله يحتاج إلى معين خارجيّ، وهو هداية المربّي الذي يعمل على تفتّح تلك الفطرة كطاقة داخلية في نفس الطفل في ضوء ما تقضي به طبيعته

---

(1) الصدوق، الشيخ محمد بن علي، التوحيد، تحقيق علي أكبر غفاري، بيروت، مؤسسة الأعلمي للمطبوعات، 1427هـ - 2006م، ط1، ص231.

(2) البرقي، المحاسن، ج1، ص293.

وتستدعيه ذاته. وبناء عليه، ينبغي للمربّي اعتماد منهج الفطرة التوحيدية باستثارة هذه المعرفة الكامنة في نفس الطفل عن الله تعالى.

ضرورة إبعاد الطفل عن البيئة العقائدية المنحرفة

إنّ الإسلام أكدّ على أهمية تأمين البيئة المناسبة لتربية الطفل من الناحية العقائدية من جهة، وأكّد على ضرورة إبعاده عن البيئة العقائدية المنحرفة من جهة ثانية، وعن الإمام عليّ عليه السلام، قال: «**علّموا صبيانكم [من علمنا] ما ينفعهم الله به، لا تغلب عليهم المرجئة**»[1].

قال الفيض الكاشانيّ تعليقاً على الحديث: «**يعني علّموهم في شرخ شبابهم بل في أوائل إدراكهم وبلّوغهم التمييز من الحديث ما يهتدون به إلى معرفة الأئمّة عليهم السلام والتشيّع قبل أن يغويهم المخالفون ويدخلوهم في ضلالتهم فيتعسّر بعد ذلك صرفهم عن ذلك**»[2]. وهذا يعني، أنّه على الوالدين أن يبعدا الطفل عن البيئة المنحرفة عقائدياً، ويحسنا اختيار البيئة الصالحة للنموّ العقائديّ السليم، سواء البيئة السكنية أم المدرسية أم الكشفية أم الرياضية... إلخ.

أساليب التربية العقائدية

اتّضح أنّ الطفل مفطور على التربية التوحيدية، وأنّ المربّي له أن يستثير هذه الفطرة الكامنة لدى الطفل ويفعّل القابليّات، وهذا يولّد تساؤلات عدّة منها: كيف يستثير المربّي الفطرة التوحيدية في نفس الطفل؟ ومن أيّ مرحلة عمرية تبدأ هذه العملية؟

في الجواب عن هذا السؤال، يمكن طرح أساليب عدّة لاستفادة المربّي منها في التربية العقائدية للطفل، وهي على النحو التالي:

---

(1) ابن شعبة الحراني، تحف العقول، ص104.

(2) الفيض الكاشاني، محمد بن المرتضى، الوافي، تحقيق مركز التحقيقات الدينية والعلمية في مكتبة الإمام علي، لا.م، 1416هـ، ط1، ج23، ص1381.

أولاً: أسلوب التلقين اللفظيّ

وعمدة هذا الأسلوب: تعويد الطفل على تكرار بعض الجمل والمقولات على المستوى اللفظيّ حتّى لو لم يفهم معانيها، مثل تكرار قول: لا إله إلّا الله، أو محمّد رسول الله...، فإنّ نفس هذا التكرار له دوره وتأثيره الخاصّ في تفتّح الحسّ الإيمانيّ بالله تعالى.

ويجب على المربّي اعتماد هذا الأسلوب في الطفولة المبكرة (3 سنوات)، وهو أسلوب اعتمدته روايات أهل البيت عليهم السلام، فقد روى عبد الله بن فضالة، عن أبي عبد الله وأبي جعفر عليهما السلام، قال: سمعته يقول: «**إذا بلغ الغلام ثلاث سنين، يقال له: قل: لا إله إلا الله سبع مرات...**»[1].

وعنه صلى الله عليه وآله وسلم، قال: «**افتحوا على صبيانكم أوّل كلمة لا إله إلا الله**»[2].

ثانياً: أسلوب معرفة قانون السببية

إنّ تربية العقل على التفكير بالأمور والربط بين الأشياء والتعرّف على أسبابها يلعب دوراً في تنمية الإحساس بالله تعالى.

والطفل يلتفت إلى الأصوات ويربطها بأسبابها، وهذا إنّ دلّ على شيء فإنّه يدّل على أنّ قانون السببية أمر فطريّ عنده، وعلى المربّي أن يعمل على تنمية هذا الشعور في نفس الطفل وتحويله شيئاً فشيئاً إلى شعور واعٍ.

في البداية على المربّي أن يُنمّي لدى الطفل حسّ المعرفة والاكتشاف، ويجعله يدرك أنّ وراء كل ظاهرة يوجد سبب مؤثر في وجودها، فصوت النباح سببه الكلب،... إلخ، ثمّ يتدرّج معه في عملية الربط بين الأشياء لينتقل إلى عملية الربط بين خصوصيات الأشياء وأسبابها، بمعنى إذا رأى لوحة جميلة يدرك أنّ الرسّام ماهر، بعكس لو كانت غير جميلة فيدرك عندها عدم مهارة الرسّام، فيسعى إلى تنمية هذا الحسّ للطفل مع كل مرحلة عمرية، وبشكل تدريجيّ ستنمو معه هذه الحالة ويتعرّف لاحقاً أنّ لكلّ ظاهرة في الحياة

---

(1) الشيخ الصدوق، من لا يحضره الفقيه، ج1، ص281، ح863.

(2) المبارك فوري، محمد عبد الرحمن بن عبد الرحيم، تحفة الأحوذي بشرح جامع الترمذي، بيروت، دار الكتب العلمية، 1410هـ1990-م، ط1، ج4، ص46.

إلهاً وخالقاً وهو سبب الأسباب كلّها، وهذا ما نلمسه في منهج أهل البيت عليهم السلام، فعندما سئل أمير المؤمنين عليّ عليه السلام عن إثبات الصانع، أجاب: «**البعرة تدلّ على البعير، والروثة تدلّ على الحمير، وآثار الأقدام تدلّ على المسير، فهيكل علويّ بهذه اللطافة، ومركز سفليّ بهذه الكثافة، كيف لا يدلّان على اللطيف الخبير**»[1].

ثالثاً: أسلوب تنمية النزعة الحسيّة التجريبية

إنّ الإنسان بشكل عام كائن حسيّ أكثر من كونه عقلياً، فكيف بالطفل الذي يكون عنصر الإحساس عنده بارزاً وحاضراً بشكل قويّ؟ فالحسّ أقدر على تربية الإنسان من النظر العقليّ المجرّد، ويحتلّ من جوانب وجوده وشخصيّته وأبعاد مشاعره وعواطفه وانفعالاته أكثر ممّا يحتلّ العقل[2].

ويأتي دور المربّي في العمل على تنمية هذه النزعة الحسية عند الطفل، والأخذ بيده لكي يتعرّف على الكائنات المحيطة به وربطها ببعضها البعض.. ثم التدّرج ومساعدته على التفكّر في عجائب المخلوقات ودقائق صنعها، وقد اعتمد القرآن الكريم والنبيّ وأهل البيت على هذا المنهج الذي يفيد بأنّ الملاحظة الحسية والمشاهدة ومن ثمّ التأمّل والتدبّر والنظر في عجائب صنع الله تعالى، كالتأمّل في اختلاف الليل والنهار والنجوم وإحياء النبات... يثمر في معرفة الله تعالى وصفاته والارتباط به. ويعبّر عن ذلك أمير المؤمنين عليه السلام في خطبة له، حيث يقول: «**كفى بإتقان الصنع لها [أي للأشياء والمخلوقات] آية**»[3].

وقد دعانا الله تعالى إلى التفكّر بالآيات الآفاقية والأنفسية يقول تعالى: ﴿سَنُرِيهِمْ ءَايَٰتِنَا فِى ٱلْـَٔافَاقِ وَفِىٓ أَنفُسِهِمْ حَتَّىٰ يَتَبَيَّنَ لَهُمْ أَنَّهُ ٱلْحَقُّ أَوَلَمْ يَكْفِ بِرَبِّكَ أَنَّهُۥ عَلَىٰ كُلِّ شَىْءٍ شَهِيدٌ﴾[4].

---

(1) العلامة المجلسي، بحار الأنوار، ج3، ص55.

(2) السيد الصدر، موجز في أصول الدين، ص224-225. ويراجع: ص224-240، فإنه بحث لطيف حول الموضوع.

(3) الشيخ الصدوق، التوحيد، ص71.

(4) سورة فصلت، الآية 53.

وطريق معرفة الطفل بنفسه أيضاً من أهمّ الطرق في التربية العقائدية. ولا ينبغي للمربّي أن يغفل عن ذلك. وقد استخدم أهل البيت هذه المنهج في التعليم والتربية العقائدية، وكذلك تلامذة مدرستهم، فعن هشام بن الحكم قال: «إِن سَأَلَ سائِلٌ فَقالَ: بِمَ عَرَفتَ رَبَّكَ؟ قُلتَ: عَرَفتُ اللهَ -جَلَّ جَلالُهُ- بِنَفسي؛ لأَنَّها أَقرَبُ الأَشياءِ إِلَيَّ..... قالَ اللهُ عزّ وجلّ: ﴿وَفِىٓ أَنفُسِكُمۡۚ أَفَلَا تُبۡصِرُونَ﴾[1]»[2].

فتنمية الحسّ التجريبيّ لدى الطفل في تعريفه على نظم الأشياء ودقائقها و... يعزّز في نفسه الإيمان بالله تعالى، وليس كما يظنه بعض الناس من أن تعزيز هذا الاتجاه يؤدّي إلى تغذية نزعة الإلحاد وإنكار وجود الله تعالى.

رابعاً: أسلوب التمرين على العبادات

من أساليب تربية الطفل على الارتباط بالله تعالى وتنمية حسّ الإيمان الدينيّ لديه جعلُه في سنّ التمييز (7 سنوات) وما بعدها يقوم بالأفعال العبادية كالصلاة والصوم والصدقة وغيرها... و«قد لا يفهم الطفل العبارات التي يؤدّيها في أثناء الصلاة، ولكنّه يفهم معنى التوجّه نحو الله، ومناجاته...»[3]. فالصلاة والصوم وغيرهما من ألوان العبادات تجعل الطفل يعيش حالة الخضوع لعظمة الله تعالى.

خامساً: أسلوب التربية على حبّ النبيّ وأهل البيت عليهم السلام

عن النبيّ صلى الله عليه وآله وسلم، قال: «**أدّبوا أولادكم على ثلاث خصال: حبّ نبيّكم، وحبّ أهل بيته، وقراءة القرآن...**»[4].

ومن أنفع أساليب هذا النوع من التربية العقائدية للطفل قراءة قصصهم وسيرتهم عليهم السلام المناسبة للأطفال، كتحبيب النبيّ إلى قلب الطفل بإبراز كيفية تعامله العطوف الرؤوف الودود الرحيم مع ابنيه الحسن والحسين عليهما السلام ... إلخ.

---

(1) سورة الذاريات، الآية 21.
(2) الشيخ الصدوق، التوحيد، ص289.
(3) فلسفي، محمد تقي، الطفل بين الوراثة والتربية، ج2، ص150.
(4) السيوطي، الجامع الصغير، ج1، ص51.

سادساً: أسلوب التربية على الإيمان بالمعاد

يكثر أن يسأل الطفل في المرحلة الثانية من طفولته أي منذ سن السادسة وما فوق عن الموت، وخاصّة إذا فَقَدَ أحداً من أقاربه فيسأل أين هو؟ وهل سيعود؟ وكيف نراه؟ ومن المهمّ أن نقدّم للطفل فكرة الموت بنحو يرتبط باستمرار مسيرة الحياة، ونصوّر له الأمر بأنّ الميّت يعيش في حياة ثانية وأنّه يرانا ويسمعنا إذا دعونا له.. إلخ.

ويمكن الاستعانة على تفهيم الطفل فكرة الموت من خلال الأسلوب الحسيّ، فقد تناول القرآن الكريم هذا الأمر، كقوله تعالى: ﴿وَٱللَّهُ ٱلَّذِيٓ أَرۡسَلَ ٱلرِّيَٰحَ فَتُثِيرُ سَحَابٗا فَسُقۡنَٰهُ إِلَىٰ بَلَدٖ مَّيِّتٖ فَأَحۡيَيۡنَا بِهِ ٱلۡأَرۡضَ بَعۡدَ مَوۡتِهَاۚ كَذَٰلِكَ ٱلنُّشُورُ﴾[1]، وغيرها من الآيات الكثيرة.

ومن المهمّ أيضاً تقديم يوم المعاد من خلال تصويره أنّه يوم حصاد للنتائج إمّا رسوب أو نجاح. ولكن ينبغي الالتفات إلى عدم تحويل الأمر إلى أسلوب تهديديّ للطفل بالعقاب الأخرويّ كأن تقول عبارة: «إذا فعلت كذا الله يخنقك»، «الله سوف يحرقك بالنار»... إلخ من العبارات، وهو كذب غير جائز حتّى في حقّ الطفل[2]، فإذا كان الله تعالى لم يوجّه إلى الطفل خطاب العقاب الأخرويّ فكيف للمربّي فعل ذلك؟.

---

(1) سورة فاطر، الآية 9.

(2) السيد الخوئي، والشيخ التبريزي، صراط النجاة في أجوبة الاستفتاءات، ج3، ص298، س920.

المفاهيم الرئيسة

- إنّ من أهمّ حقوق الطفل على والديه تربيته على الدين الحنيف وزرع العقيدة الثابتة في عقله وقلبه حتّى يكون بصيراً في أمر دينه ودنياه.
- تنطوي التربية العقائدية للطفل على بعدين:

الأول: إيجابيّ: ويهتم بتهيئة الطفل وتقوية استعداداته لقبول العقائد والمعارف الحقّة المتعلّقة بالله تعالى وصفاته والنبوة والإمامة والمعاد.

الثاني: سلبيّ، أي إبعاد الطفل عن البيئة التي تشتمل على عقائد باطلة أو منحرفة.

- إنّ الطفل مفطور على التربية التوحيدية، وإنّ المربّي ينبغي له أن يستثير هذه الفطرة الكامنة لدى الطفل ويفعّل القابليات.
- توجد أساليب عدّة في التربية العقائدية ومستفادة من روايات أهل البيت عليهم السلام، أهمّها: أسلوب التلقين اللفظيّ، تربية العقل على الربط بين الأمـور، تنمية النزعة الحسيّة التجريبية، التمرين على العبادات، التربية على حبّ النبي وأهل البيت عليهم السلام، التربية على الإيمان بالمعاد.
- من المهمّ تقديم يوم المعاد من خلال تصويره أنّه يوم حصاد للنتائج إما رسوب أو نجاح. ولكن ينبغي الالتفات إلى عدم تحويل الأمر إلى أسلوب تهديديّ للطفل بالعقاب الأخرويّ.

الدرس الثالث عشر

التربية بالقدوة

أهداف الدرس

على المتعلّم مع نهاية هذا الدرس أن:

1 . يدرك أنّ الإنسان كائن حسيّ أكثر منه عقليّ.

2 . يدرك أنّ التربية بالقدوة من خلال النموذج السلوكيّ من أهمّ أساليب التربية.

3 . يميّز بين الانضباط الذاتيّ والانضباط الموضوعيّ الخارجيّ.

تمهيد

إنّ الإنسان لا يمكنه أن يعيش التفاعل مع القيم كمعانٍ مجرّدة ما لم تتمثّل وتتجسّد في أرض الواقع، فالحقّ والصدق والشجاعة والكرم... إلخ، إذا لاحظها الإنسان بحواسّه متجسّدة ومتشخّصة في الواقع في شخص ما فإنّ ذلك سيجعله يتفاعل معها بطريقة إيجابية أكثر ممّا لو عقلها كمعان ومفاهيم مجرّدة، لذلك فإنّ الإنسان يتعلّق بالشخصيات التي تجسّد القيم ويتّخذها قدوة يقتدي بها في سيرته وسلوكه، وقد دعانا الإسلام إلى التأسّي بشخصيّة الرسول الأكرم والأئمّة عليهم السلام، لأنّهم نماذج جسّدت تلك القيم وغيرها في شخصيتهم عملاً بتمام معنى التجسّد، ﴿لَّقَدْ كَانَ لَكُمْ فِى رَسُولِ ٱللَّهِ أُسْوَةٌ حَسَنَةٌ﴾[1].

يقول السيد محمد باقر الصدر بهذا الصدد: «... إنّ الحسّ أقدر على تربية الإنسان من النظر العقليّ المجرّد، ويحتلّ من جوانب وجوده وشخصيّته وأبعاد مشاعره وعواطفه وانفعالاته أكثر ممّا يحتلّ العقل «المفهوم النظري المجرّد». بناءً على هذا كان لا بدّ للإنسان من حسّ مربّ»[2]. معتبراً أنّ هذا الحسّ المربيّ هو الرسول الأعظم والأئمّة المعصومون عليهم السلام.

التربية بالنموذج الحسّيّ

إنّ وجود النموذج الحسّيّ والسلوكيّ له أثره الفعّال في العملية التربوية، لذا كانت التربية النبويّة لعليٍّ عليه السلام تربية بالنموذج الحسّيّ والسلوكيّ، كما يصف لنا أمير المؤمنين ذلك

(1) سورة الأحزاب، الآية 21.

(2) السيد الصدر، موجز في أصول الدين، تحقيق ودراسة عبد الجبار الرفاعي، ص224-225. ويراجع: ص224-240، فإنه بحث لطيف حول الموضوع.

بقوله: «**وقد علمتم موضعي من رسول الله ﷺ بالقرابة القريبة، والمنزلة الخصيصة. وضعني في حجره وأنا ولد يضمّني إلى صدره، ويكنفني إلى فراشه، ويمسّني جسده ويشمّني عرفه**[1]**. وكان يمضغ الشيء ثم يُلقمنيه. وما وجد لي كذبة في قول، ولا خطلة في فعل. ولقد قرن الله به ﷺ من لدن أن كان فطيماً أعظم ملك من ملائكته يسلك به طريق المكارم، ومحاسن أخلاق العالم ليله ونهاره. ولقد كُنتُ أتبعه اتباع الفصيل أثر أمّه، يرفع لي في كلّ يوم من أخلاقه علماً، ويأمرني بالاقتداء به.....**»[2].

الأسلوب الحسّيّ في القرآن الكريم

استعمل القرآن الكريم الأسلوب الحسّي في التربية من خلال «التربية بالقصّة»، في تقديم المفاهيم والقيم... التي يُريد إيصالها إلى الناس. قال تعالى: ﴿وَكُلًّا نَّقُصُّ عَلَيْكَ مِنْ أَنۢبَآءِ ٱلرُّسُلِ مَا نُثَبِّتُ بِهِۦ فُؤَادَكَ﴾[3].

وقد ركّز أئمّة أهل البيت على أن تكون الدعوة إلى الدين والتبليغ لرسالة الله تعالى معتمدة على الفعل والسلوك المتجسّد قبل الدعوة باللسان، لأنّها أشدّ تأثيراً في نفوس الناس.

عن الإمام جعفر الصادق عليه السلام، قال: «**كونوا دعاة للناس بغير ألسنتكم، ليروا منكم الورع والاجتهاد والصلاة والخير، فإنّ ذلك داعية**»[4].

القدوة وأثرها على تربية الطفل

عرّف الراغب الأصفهاني القدوة بأنّها: «الحالة الّتي يكون الإنسان عليها في اتّباع غيره إن حسناً وإن قبيحاً»[5]. وتعتبر التربية بالقدوة من خلال تقديم النموذج الحسّي من أفضل أساليب التربية للطفل، وذلك للأمور التالية:

(1) عرفه: رائحته الذكية.
(2) نهج البلاغة، ج2، ص175.
(3) سورة هود، الآية 120.
(4) الشيخ الكليني، الكافي، ج2، ص77.
(5) الراغب الأصفهاني، مفردات ألفاظ القرآن، ص76.

أولاً: النزعة الحسيّة الموجودة عند الطفل بشكل خاصّ.

ثانياً: امتلاك الطفل قدرة عالية على التقليد والمحاكاة.

ثالثاً: مؤثّرية تجسّد المعاني والقيم في النموذج الحسّي على المشاهد والمتلقّي.

ومن هنا تأتي الأهمية بأن يكون الأب أو الأمّ قدوة حسنة للطفل، يتبعهما في أقوالهما وأفعالهما وأخلاقهما وتصرّفاتهما، وهذا يجعلهما أمام مسؤولية مراقبة نفسيهما وإظهار الفعل الحسن والإيجابيّ أمام الطفل، وإخفاء الفعل القبيح والسلبيّ في المقابل.

وذلك لأنّ الطفل لا يُمكنه- بينه وبين نفسه - تمييز السبب الذي يدعو أهله إلى نهيه عن سلوكٍ وإتيان مثله بأنفسهم، كأن ينهى الأب أو الأم مثلاً أبناءهم عن الكذب أو السب والشتم لأخيه...إلخ، في الوقت الذي يُمارس فيه الأهل أنفسهم الشتم والسب والصراخ و... في المنزل.

فالطفل بالإضافة إلى قدرة المحاكاة والتقليد في حدّ نفسها لديه تعلّق شديد وارتباط قويّ بوالديه، ممّا يزيد من نسبة الاقتداء السلوكيّ بهما.

يقول الإمام روح الله الخمينيّ قدس سره في هذا السياق: «إنّ الأطفال هم دائماً أو غالباً مع الأبوين، فلا بدّ أن تكون تربيتهما عملية، بمعنى أنّنا لو فرضنا أنّ الأبوين ليسا متّصفين بالأخلاق الحسنة والأعمال الصالحة فلا بدّ من أن يُظهرا في نفسيهما الصلاح أمام الطفل، ليكون الأطفال عمليّاً مهذّبين ومربّين، ولعلّ هذا بنفسه يكون مبدأ لإصلاح الأبوين، لأنّ المجاز قنطرة الحقيقة، والتطبّع طريق الطبع..... إنّ الأبوين الصالحين الحَسني التربية هما من التوفيقات القدريّة والسعادات غير الاختيارية التي تكون أحياناً من نصيب الطفل، كما أنّ فسادهما وسوء تربيتهما أيضاً من الشقاوات والاتفاقات القدرية التي تُلازم الإنسان من دون اختياره»[1].

---

(1) الخميني، الإمام روح الله، جنود العقل والجهل، تعريب أحمد الفهري، بيروت،مؤسسة الأعلمي للمطبوعات، 1422هـ - 2001م، لا.ط، ص142.

الانضباط الذّاتيّ والانضباط الموضوعيّ الخارجيّ

إنّ التربية بالنموذج السلوكيّ تُساعد الطفل على الانضباط الذّاتيّ والخارجيّ.

الانضباط الذاتيّ: ويقصد منه الفعل والسلوك الذي يصدر من الطفل والذي يكون منشأه الفطرة السليمة فيقوم بالسلوك الحسن نتيجة اقتناعه النابع من الداخل فضلاً عن امتناعه عن العمل السيّئ بقناعة داخلية لما يرى من قيم أخلاقية متجسّدة في سلوك والديه، فالتربية من خلال تقديم النموذج العمليّ المتجسّد في المربّي (الوالدين) تزرع في الطفل معنويات عالية توجّهه توجيهاً صالحاً دون أن تفرض عليه الأمور بطريقة إلزامية أو تشعره بأنّها تسلبه شيئاً من حريته، بل يقوم بأداء العمل الحسن والابتعاد عن العمل السيّئ بإرادته وبقناعة ذاتية دون أي ضغوطات خارجية. ويُطلق القرآن الكريم على عملية الانضباط الذّاتي اسم «التزكية».

الانضباط الموضوعيّ الخارجيّ: الذي يُعبِّر عن قوّة خارجية، تُحدّد السلوك وتضبطه في دائرة الحسن، وتتمثّل هذه القوّة الخارجية:

أولاً: بالأوامر والنواهي المباشرة.

ثانياً: بقانون العقاب على السلوك السيّئ[1].

وعنصر الضبط الخارجيّ لا يمكنه أن يؤدّي وظيفته المطلوبة بدون عنصر الضبط الداخليّ.

فالتربية الإسلامية تتميّز عن غيرها من ألوان التربية الأخرى بأنّها تُريد أن ينطلق السلوك من قوة داخلية قيميّة، فهي تهدف أن تجعل سلوك الطفل يتحرّك من القوّة المعنوية الداخلية ليجسدها بسلوك عمليّ خارجيّ، فمثلاً لا تُريد للطفل أن يقف احتراماً للآخرين خوفاً أو طمعاً مع شتمه لهم في داخله، بل تُريد أن يقف احتراماً انطلاقاً من قيمة الاحترام التي يعيشها في داخله كشحنة محرّكة ذاتياً للسلوك الخارجيّ.

(1) تمّت الاستفادة في هذه الفقرة بما يتناسب مع موضوع بحثنا من كتاب: السيد الصدر، اقتصادنا، ص282 - 284.

التربية بالنموذج تبدأ من تربية النفس

عن الإمام عليّ عَلَيْهِ السَّلَامُ، قال: «**من نصب نفسه للناس إماماً، فليبدأ بتعليم نفسه قبل تعليمه غيره، وليكن تأديبه بسيرته قبل تأديبه بلسانه، ومعلّم نفسه ومؤدّبها أحقّ بالإجلال من معلّم الناس ومؤدّبهم**»[1]. وبناءً على ذلك فإنّ على الوالدين تربية نفسيهما قبل البدء بعملية تربية الطفل، وإلاّ فإنّ فاقد الشيء لا يُعطيه.

وهذا النوع من التربية غير مختصّ بالأب والأمّ، بل يشمل كلّ معلّم ومربّ، فإذا لم يكن المربّي عاملاً بعلمه لا يمكنه أن يكون مؤثّراً على الآخرين.

يقول السيد محمد حسين الطباطبائيّ في هذا المقام: «إنّ من الواجب أن يكون المعلّم المربّي عاملاً بعلمه، فلا تأثير في العلم إذا لم يقرن بالعمل....

ولذلك نرى الناس لا تلين قلوبهم ولا تنقاد نفوسهم للعظة والنصيحة إذا وجدوا الواعظ به أو الناصح بإبلاغه غير متلبّس بالعمل متجافياً عن الصبر والثبات في طريقه، وربما قالوا: لو كان ما يقوله حقّاً لعمل به،... فمن شرائط التربية الصالحة أن يكون المعلِّم المربِّي نفسُه متّصفاً بما يصفه للمتعلِّم متلبّساً بما يُريد أن يلبسه....»[2]...

فإذا كان المربّي غير مؤمن بما يقوله أو غير عامل وفق علمه فلا يُرجى منه خير.

الإمام الخامنئيّ: وظيفة المعلّم تجاه الطفل

من كلمة للسيد الإمام علي الخامنئيّ يوضح فيها وظيفة المعلِّم تجاه الطفل، يقول: «إذا أخذنا التعليم بمعناه الواسع فإنّه يشمل هذه الساحات الثلاث:

الأول: تعليم العلم، أي تدريس محتويات الكتب والعلوم التي ينبغي لأولادنا -رجال ونساء بلادِنا في المستقبل- أن يتعلّموها.

---

(1) نهج البلاغة، باب المختار من حكم أمير المؤمنين ومواعظه، ص640-641، ح73.

(2) قال تعالى: ﴿أَفَمَن يَهْدِيٓ إِلَى ٱلْحَقِّ أَحَقُّ أَن يُتَّبَعَ أَمَّن لَّا يَهِدِّيٓ إِلَّآ أَن يُهْدَىٰۖ فَمَا لَكُمْ كَيْفَ تَحْكُمُونَ﴾ سورة يونس، الآية 35. وقال: ﴿أَتَأْمُرُونَ ٱلنَّاسَ بِٱلْبِرِّ وَتَنسَوْنَ أَنفُسَكُمْ وَأَنتُمْ تَتْلُونَ ٱلْكِتَٰبَۚ أَفَلَا تَعْقِلُونَ﴾ سورة البقرة، الآية 44. وقال حكاية عن قول شعيب لقومه: ﴿وَمَآ أُرِيدُ أَنْ أُخَالِفَكُمْ إِلَىٰ مَآ أَنْهَىٰكُمْ عَنْهُۚ إِنْ أُرِيدُ إِلَّا ٱلْإِصْلَٰحَ مَا ٱسْتَطَعْتُۚ وَمَا تَوْفِيقِيٓ إِلَّا بِٱللَّهِۚ عَلَيْهِ تَوَكَّلْتُ وَإِلَيْهِ أُنِيبُ﴾ سورة هود، الآية 88.

العمل الثاني: وهو أهمّ من الأول، هو تعليم التفكير. يجب أن يتعلّم أطفالنا كيف يُفكّرون -الفكر الصحيح والمنطقيّ-، وينبغي أن تتمّ هدايتهم نحو التفكّر الصحيح... الاستفادة من العلم إنّما تُصبح ممكنة بواسطة التفكير.

الأمر الثالث: هو السلوك والأخلاق، أي تعليم السلوك والأخلاق... (و) تعليم الأخلاق والسلوك ليس من قبيل تعليم العلم بحيث يقرأ الإنسان ويدرس من الكتب فقط. درس الأخلاق لا يُمكن نقله بواسطة الكتب، السلوك مؤثّر أكثر من الكتاب والكلام. أي إنّكم في الصفّ وبين التلاميذ تُدرّسونهم بسلوككم. بالطبع يجب القول والبيان بالكلام أيضاً، ويجب إسداء النصيحة، لكنّ السلوك تأثيره أعمق وأشمل. سلوك الإنسان يُبيّن صدق الكلام»[1].

---

(1) الإمام الخامنئي، خطاب الولي 2014، إعداد مركز نون للتأليف والترجمة، بيروت، جمعية المعارف الإسلامية الثقافية، 2015م، ط1، ص225-226، من كلمة للسيد علي الخامنئي في لقاء المعلمين والتربويين بمناسبة أسبوع المعلم، بتاريخ 2014/05/07م.

المفاهيم الرئيسة

- إنّ الإنسان لا يمكنه أن يعيش التفاعل مع القيم كمعانٍ مجرّدة ما لم تتمثّل وتتجسّد في أرض الواقع، وقد دعانا الإسلام إلى التأسّي بشخصيّة الرسول الأكرم والإمام عليّ بن أبي طالب عليه السلام، لأنّهما نموذجان جسّدا تلك القيم وغيرها في شخصهما عملاً بتمام معنى التجسّد، ﴿لَّقَدْ كَانَ لَكُمْ فِي رَسُولِ ٱللَّهِ أُسْوَةٌ حَسَنَةٌ﴾[1].
- إنّ وجود النموذج الحسيّ والسلوكيّ له أثره الفعّال في العملية التربوية، لذا كانت التربية النبويّة لعليٍّ عليه السلام تربية بالنموذج الحسّي والسلوكيّ.
- استعمل القرآن الكريم الأسلوب الحسّي في التربية من خلال «التربية بالقصّة»، في تقديم المفاهيم والقيم... التي يُريد إيصالها إلى الناس. قال تعالى: ﴿وَكُلًّا نَّقُصُّ عَلَيْكَ مِنْ أَنۢبَآءِ ٱلرُّسُلِ مَا نُثَبِّتُ بِهِۦ فُؤَادَكَ﴾[2].
- من المهمّ أن يكون الأب أو الأمّ قدوة حسنة للطفل، يتبعهما في أقوالهما وأفعالهما وأخلاقهما وتصرّفاتهما، وهذا يجعلهما أمام مسؤولية مراقبة نفسيهما وإظهار الفعل الحسن والإيجابيّ أمام الطفل، وإخفاء الفعل القبيح والسلبيّ في المقابل.
- الانضباط الذاتيّ: ويقصد فيه الفعل والسلوك الذي يصدر من الطفل والذي يكون منشأه الفطرة السليمة فيقوم بالسلوك الحسن نتيجة اقتناعه النابع من الداخل فضلاً عن امتناعه عن العمل السيّئ بقناعة داخلية لما يرى من قيم أخلاقية متجسّدة في سلوك والديه.
- الانضباط الموضوعيّ الخارجيّ: الذي يُعبِّر عن قوّة خارجية، تُحدّد السلوك وتضبطه في دائرة الحسن، وتتمثّل هذه القوّة الخارجية:
- **أولاً:** بالأوامر والنواهي المباشرة. **وثانياً:** بقانون العقاب على السلوك السيّئ[3].

(1) سورة الأحزاب، الآية 21.

(2) سورة هود، الآية 120.

(3) تمّت الاستفادة في هذه الفقرة بما يتناسب مع موضوع بحثنا من كتاب: السيد الصدر، اقتصادنا، ص282 - 284.

الدرس الرابع عشر

التربية بالحب

أهداف الدرس

على المتعلّم مع نهاية هذا الدرس أن:

1 . يدرك أهمية التربية بالحبّ للطفل.

2 . يدرك أنّ الحبّ أمر فطريّ.

3 . يتعرّف إلى أساليب التربية بالحبّ.

تمهيد

الحبّ أمر يدركه كلّ إنسان من خلال المعرفة الحضورية، فهو صفة نفسانية يعيشها بوجدانه، فلا نحتاج إلى المنطق لتعريفه، ويمكن التعريف اللفظيّ للحبّ الإنسانيّ، بأنه الميل القلبيّ والانجذاب العاطفيّ نحو شيء ما، يعود باللذّة والبهجة على المُحِبّ.

ويعتبر الاستثمار الإيجابيّ لهذا الشعور الفطريّ باستعماله في تكوين هوية الطفل من أهمّ أصول تربية الطفل، وهو ما نصطلح عليه التربية بالحبّ.

وبعبارة أخرى، نقصد بالتربية بالحبّ: استعمال أساليب تتضمن الحبّ والرحمة والشفقة والودّ والحنان والرفق والعطف... في بناء الشخصية السوية عاطفياً للطفل ورسم معالم شخصيته في الأبعاد المختلفة.

أهداف التربية بالحبّ

تهدف عملية تربية الطفل بالحبّ إلى تحقيق أغراض عدّة، منها:

أ- النمو العاطفيّ السليم للطفل وإشباع حاجاته الوجدانية، بعيداً عن العقد والأمراض النفسية [1].

ب- تقوية العلاقة والارتباط بين الطفل والمربّي، بنحو يصبح تأثير المربّي أشدّ على شخصية الطفل، فيتقبّل الطفل منه، ويسمع كلامه، ويطيع أوامره.

ج- المساهمة في النمو السليم لباقي أبعاد هوية الطفل أي النموّ العقليّ والجسميّ والأخلاقيّ...

---

(1) بانبيلة، حسن بن عبد الله، أصول التربية للطفولة في الإسلام، الرياض، مكتبة الرشد ناشرون، 2009م، لا.ط، ص221.

حاجة الطفل إلى العاطفة

إنّ الطفل بأصل تكوينه كائن رقيق حسّاس عاطفيّ، لذلك فهو يحتاج إلى من يروي ظمأه العاطفيّ من جهة، فضلاً عن حاجته لأن يشعر بأنه موضع حبّ واهتمام وعناية ورعاية وتقدير واحترام... فـ«الطفل في حاجة إلى أن يشعر بحبّ الآخرين له ورضاهم عنه، خاصة أبويه ومعلّميه، فهو في حاجة إلى أن يكون مقبولاً مرغوباً فيه من قبل الوالدين والآخرين»[1].

ومحبّة الطفل عملة لها وجهان: وجه إيجابيّ، من حيث إنّها تمنحه طاقة إيجابية وتحقّق له الشعور بالسعادة وتجعله يعيش البهجة واللذة والسرور، وهي حاجات ضرورية للنموّ العاطفيّ السليم[2]، ووجه سالب، بمعنى أنّها ترفع عنه الطاقة السلبية وتساهم في التخفيف من التوتر والعصبية والعدوانية والأرق في شخصيته.

وينبغي للوالدين السعي إلى إشباع الحاجات العاطفية والوجدانية للطفل بالأساليب الممكنة كافّة، كي ينمو طفلهما عاطفياً وعقلياً وجسمياً بشكل سليم.

حبّ الأطفال أمر فطريّ

إنّ مسألة حبّ الأطفال تعتبر من المسائل التي جبلت عليها النفس الإنسانية والتي ينبغي للإنسان مراعاتها والحفاظ عليها، وقد حثّت النصوص الدينية على حبّ الأطفال وجعلته من أفضل الأعمال. عن الإمام جعفر الصادق عَلَيْهِ السَّلَامُ، أنه قال: «**قال موسى بن عمران: يا ربّ، أيّ الأعمال أفضل عندك؟ فقال عزّ وجلّ: حبُّ الأطفال...**»[3].

والمطلوب من المربّي أن يسعى للحفاظ على شعور الحبّ تجاه المتربّين في داخله، خصوصاً الآباء والأمّهات، وقد أشارت الروايات إلى بركات هذا الحبّ على المربّي أيضاً، عن الإمام الصادق عَلَيْهِ السَّلَامُ، أنّه قال: «**إنّ الله عزّ وجلّ ليرحم العبد لشدة حبّه لولده**»[4].

(1) مرسي، محمد سعيد، فن تربية الأولاد في الإسلام، القاهرة، دار التوزيع والنشر، 1998م، لا.ط، ص27

(2) مرسي، محمد سعيد، أحدث الأساليب التربوية الفعالة للآباء والأمهات، القاهرة، دار التوزيع والنشر، 2012م، لا.ط، ص27.

(3) البرقي، المحاسن، ج1، ص200، باب المحبوبات، ح15.

(4) م.ن، ص50.

الحبّ بين الإفراط والتفريط

إنّ الحبّ أمرٌ ضروريّ وأساس في العملية التربوية، إلّا أنّ المطلوب في حبّ الأطفال هو الوسطية والاعتدال، كي يكون حبّاً إيجابياً، والميل عن الوسطية إلى أحد الجانبين يجعل الحبّ سلبياً. والخطورة في مثل هذا الحبّ السالب في التربية، هو أنه يؤدّي إلى اعتماد أساليب خاطئة فيها، كأسلوب الإفراط في التدليل والتغنيج، من خلال «التساهل مع الطفل وتشجيعه على إشباع رغباته.... فلهذا الأسلوب آثاره السلبية على شخصية الطفل، حيث ينشأ أنانياً غير آبه بأحد، حريصاً كلّ الحرص على تلبية رغباته والحصول على كلّ ما يريد»[1].

هذا في جانب الإفراط، وكذلك في جانب التفريط، حيث يؤدّي نقص جرعة الحبّ للأطفال إلى استخدام أساليب سلبية عدّة، مثل: الأسلوب التسلّطيّ، أي التحكّم بأفعال الطفل وأقواله ورغباته بما يتوافق مع رغبات الأهل بغض النظر عن حاجات الطفل ومتطلّباته...[2].

وأفضل الطرق في التربية بالحبّ هو أن يستخدم المربّي أسلوب الحزم في لين. وقد ورد في روايات عدّة أنّ من صفات المؤمن وعلاماته أن يكون له حزم في لين[3]، فيكون ليناً حينما يتطلّب الموقف ذلك، ويكون حازماً حينما تقتضي مصلحة الطفل ذلك، فلا حبّه يمنعه من الحزم، ولا حزمه يجعله قاسي القلب.

ومن الضروريّ التنبّه إلى التمييز بين الحزم وبين القسوة[4]، لأنّ الحزم يجتمع مع الحبّ والرحمة، أمّا القسوة فهي الغلظة القلبية التي تتنافى مع الحبّ والرحمة، يقول تعالى: ﴿فَوَيْلٌ لِّلْقَاسِيَةِ قُلُوبُهُم﴾[5].

عن رسول الله ﷺ، أنّه قال: «إنّ أبعد الناس من الله القلب القاسي»[6].

(1) عجمي، سامر، عقوبة الطفل في التربية الإسلامية، مركز الأبحاث والدراسات التربوية، بيروت، دار البلاغة، 1435هـ-2014م، لا.ط، ص199-200.

(2) م.ن، ص200.

(3) عن أمير المؤمنين عليه السلام: «فمن علامة أحدهم [أي المتقين] أنك ترى له قوة في دين، وحزماً في لين». نهج البلاغة، ج2، ص163. وعن الإمام الصادق عليه السلام: «المؤمن له قوة في دين، وحزم في لين». الشيخ الكليني، الكافي، ج2، ص231.

(4) يراجع حول القسوة وأسبابها ونتائجها: عجمي، سامر توفيق، العبرة في البكاء على سيد الشهداء، بيروت، دار الولاء، 2012م، ط1، ص35 وما بعد.

(5) سورة الزمر، الآية 22.

(6) الشيخ الطوسي، الأمالي، ص3.

أسالب التعبير عن الحبّ

إنّ الشعور بالحب ليس عنصراً كافياً في عملية التربية بالحبّ، بل الأهمّ هو إبراز هذا الشعور الداخليّ ونقله إلى الآخرين، يتمّ هذا الأمر من خلال أساليب عدّة، نستوحي معظمها من النصوص الدينية.

- **أسلوب نظرة الحبّ:** إنّ نظر المربّي إلى المتربّي بحب يدخل الفرح والسرور على قلبه، ويجعله يشعر أنّه موضع عناية واهتمام وحبّ. وقد جعل النبيّ ﷺ نظرة الحبّ من الوالد إلى الطفل عبادة. عن النبيّ ﷺ، قال: «**نظر الوالد إلى ولده حبّاً له عبادة**»[1].
- **أسلوب كلام الحبّ:** يجب على المربّي أن يعبّر عن حبّه للطفل من خلال إسماعه العبارات التي تُظِهر الحبّ، لما لذلك من أثر طيّب على الطفل. ومن جملة كلام الحبّ أن يطلب المربّي من الطفل بلطف مثل: لو سمحت، من فضلك، ممكن.... فإن لذلك دوراً كبيراً في تربية الطفل، فضلاً عن الارتباط العاطفيّ بالمربّي.
- **أسلوب قبلة الحبّ والرحمة:** إنّ القبلة على خدّ الطفل أو جبينه أو يده من أسمى أنواع التعبير عن الحبّ والرحمة، وقد ركّز المنهاج التربويّ النبويّ على هذا الأسلوب قولاً وعملاً، فقد كان رسول الله ﷺ يديم تقبيل طفليه الحسن والحسين عليهما السلام.
- **أسلوب ضمّ الطفل:** إنّ ضمّ الطفل وشمّه من أساليب أصل الحبّ والرحمة. وإنّ حاجة الطفل إليهما على حدّ حاجته إلى الهواء والطعام والشراب. وقد كان من أخلاق النبيّ ﷺ أن يجلس الحسن والحسين على فخذيه ويضمهما إليه، تعبيراً عن حبّه وارتباطه العاطفيّ بهما.
- **أسلوب البسمة:** ويعدّ من الأساليب المعبّرة عن الحبّ. وقد ركّز المنهاج النبويّ على عموم تبسّم المؤمن في وجه إخوانه، عن الإمام الصادق عليه السلام: «**تبسّم المؤمن في وجه أخيه حسنة**»[2]، فكيف الحال بالتبسّم في وجه الأطفال؟!

---

(1) الميرزا النوري، مستدرك الوسائل، ج15، ص170، ح17894.

(2) الشيخ الطبرسي، مشكاة الأنوار في غرر الأخبار، ص316.

- **أسلوب المسح على رأس الطفل:** فقد كان النبيّ ﷺ إذا أصبح مسح على رؤوس ولده وولد ولده[1].
- **أسلوب الرفق بالطفل:** وهو من الأساليب المهمّة في تربية الطفل. والرفق بمعنى لين الجانب. واستعمال أسلوب الرفق في التربية يؤدّي إلى تحقيق الأهداف المرجوّة، ويوصل إلى الأغراض المنشودة، وهذا ما أكدت عليه الروايات.عن رسول الله ﷺ، قال: «**إنّ الله يحب الرفق، ويعين عليه**»[2].
- **أسلوب العفو عن الطفل: عن رسول الله** ﷺ: «**رحم الله من أعان ولده على برّه، وهو أن يعفو عن سيئته، ويدعو له فيما بينه وبين الله**»[3].
- **أسلوب الستر على أخطاء الطفل:** ومن ضمن أساليب التربية بالحبّ، أسلوب الستر على أخطاء الطفل وزلاته وهفواته، خصوصاً أنّ الستر من الأخلاق الإلهية، عن الإمام الصادق عليه السلام: «**إنّ الله ستير يحبّ الستر**»[4]. فإذا ارتكب الطفل خطأً معيناً ينبغي عدم التشهير به، لأنّ ذلك يؤدّي إلى جرح مشاعره وأذيته، ونفوره من المربّي، فلا يصرّح له بأخطائه ويخفي عنه كلّ شيء، فيُحرم المربّي من فرصة تعديل سلوك الطفل.
- **أسلوب التغافل:** يعتبر أسلوب التغافل عن بعض أخطاء الطفل وعدم المحاسبة على كلّ صغيرة ودقيقة من أهمّ أساليب التربية بالحبّ، وعن الإمام زين العابدين عليه السلام، قال: «**اعلم يا بنيّ، أنّ صلاح الدنيا بحذافيرها في كلمتين: إصلاح شأن المعايش ملء مكيال ثلثاه فطنة وثلثه تغافل، لأنّ الإنسان لا يتغافل إلّا عن شيء قد عرفه ففطن له**»[5].

---

(1) الحلي، أحمد بن فهد، عدة الداعي ونجاح الساعي، العراق، مؤسسة الرسول الأعظم، 2010م، ط1، ص87.
(2) الشيخ الكليني، الكافي، ن.م، ح12.
(3) الحلي، أحمد بن فهد، عدة الداعي ونجاح الساعي، ص86.
(4) الشيخ الكليني، الكافي، ج5، ص555.
(5) الخزاز القمي، علي بن محمد، كفاية الأثر في النص على الأئمة الإثني عشر، تحقيق عبد اللطيف الحسيني، قم، انتشارات بيدار، مطبعة الخيام، 1401هـ، لا.ط، ص240.

- **أسلوب إكرام الطفل:** من أساليب التربية بالحبّ أيضاً، إكرام الطفل وإشعاره أنّه موضع تقدير واحترام، وأنّ له شأنية وموقعية في قلب المربّي. عن النبيّ صلى الله عليه وآله وسلم، قال: «**أكرموا أولادكم وأحسنوا أدبهم يغفر لكم**»[1].
- **أسلوب الهدية:** إنّ الهدية أسلوب من أساليب التربية بالحبّ أيضاً، خصوصاً في بعض المناسبات التي تقتضي ذلك، كنجاحه وإنجازه أمراً ما، فعن أبي عبد الله عليه السلام، قال: «**قال رسول الله** صلى الله عليه وآله وسلم: «**تهادوا تحابّوا، تهادوا فإنّها تذهب بالضغائن**»[2].
- **أسلوب إرضاء الطفل:** من المرغوب فيه أن يعمد الأب أو الأم إلى المبادرة لإرضاء الطفل وتفريحه وإدخال السرور على قلبه، خصوصاً قبل النوم، فمن الخطير جعل الطفل ينام وهو يعيش طاقة سلبية من الحزن والكآبة.

عن رسول الله صلى الله عليه وآله وسلم **أنّه قال: «... إنّه من يُرضي صبياً له صغيراً من نسله حتّى يرضى ترضّاه الله يوم القيامة حتى يرضى**»[3].

- **أسلوب الوفاء بالوعد:** عادة ما يعد الإنسان أطفاله بأمر ما كأن يشتري لهم شيئاً ثمّ يتراجع عن وعده، فعلى المربّي أن يلتفت إلى خطورة التراجع عن الوعد وعدم الوفاء به، من ناحية كسر صورة الصدق والثقة به في ذهن الطفل، ومن جهة التأثيرات العقائدية على معنى الرازقية لهذا السلوك الخاطئ من المربّي، عن رسول الله صلى الله عليه وآله وسلم: «**أحبّوا الصبيان، وارحموهم، وإذا وعدتموهم شيئاً ففوا لهم، فإنّهم لا يدرون إلّا أنّكم ترزقونهم**»[4].
- **أسلوب اللعب والتصابي مع الطفل:** ينبغي للمربّي أن يشارك أطفاله اللعب ويتفاعل معهم إيجاباً في نشاطاتهم المتعلّقة بمختلف الألعاب، وهناك أحاديث عدّة تحثّ

---

(1) الشيخ الطبرسي، مكارم الأخلاق، ص222.

(2) م.ن.

(3) ابن عساكر، علي بن الحسن، تاريخ مدينة دمشق، دراسة وتحقيق علي شيري، بيروت، دار الفكر، 1415هـ، لا.ط، ج52، ص363.

(4) الشيخ الكليني، الكافي، ج6، ص 49.

الوالد على اللعب مع الطفل، والتصابي معه، عن رسول الله ﷺ: «**من كان عنده صبي فليتصاب له**»[1].

- أسلوب الدعاء للطفل لا عليه: من أساليب التربية بالحبّ أسلوب الدعاء للطفل، واستحضاره دائماً في أدعية الوالدين، وعدم الدعاء عليه عند الغضب منه لأيّ سلوك صدر عنه، بل ينبغي الدعاء له بالهداية والصلاح. عن رسول الله ﷺ: «**رحم الله من أعان ولده على برّه، وهو أن يعفو عن سيئته، ويدعو له فيما بينه وبين الله**»[2].

- أسلوب العدل والمساواة بين الأطفال: ينبغي للمربّي أن لا يميّز بين الأطفال ويعدل بينهم حتّى في القبل أو العطية كما ورد في الروايات، فقد رُوي أنّ النبي ﷺ رأى رجلاً من الأنصار له ولدان، قبّل أحدهما وترك الآخر، فقال ﷺ: «**هلّا واسيت بينهما**»[3].

- أسلوب حسن استقبال الطفل عند قدوم الوالدين أو قدومه إلى المنزل: وكذلك توديع الطفل قبل الخروج من المنزل... وبهذا الأسلوب كان النبيّ ﷺ يتعامل مع الأطفال من أهل بيته.

عن عبد الله بن جعفر، قال: «**كان رسول الله ﷺ إذا قدم من سفر تلقّى بصبيان أهل بيته**، قال: **وإنّه قدم من سفر فسبق بي إليه فحملني بين يديه، ثم جيء بأحد ابني فاطمة فأردفه خلفه**، قال: **فأدخلنا المدينة ثلاثة على دابة**»[4].

- أسلوب برّ الولد وإعانته على البر: عن رسول الله ﷺ قال: «**رحم الله والداً أعان ولده على البرّ**»[5].

- أسلوب تكليف الطفل على قدر الوسع: وهو من الأساليب المهمّة في التربية بالحبّ، فلا ينبغي تحميل الطفل مسؤوليات فوق قدرته على التحمّل. عن يونس بن رباط، عن الإمام الصادق، عن رسول الله ﷺ: «**رحم الله من أعان ولده على برّه.**

---

(1) الشيخ الصدوق، من لا يحضره الفقيه، ج3، ص483، ح4707.

(2) الحلي، أحمد بن فهد، عدة الداعي ونجاح الساعي، ص86.

(3) العلامة المجلسي، بحار الأنوار، ج101، ص99.

(4) النيسابوري، صحيح مسلم، ج7، ص132.

(5) الميرزا النوري، مستدرك الوسائل، ج15، ص168، ح17885.

قال: قلت: كيف يعينه على بره؟ قال: يقبل ميسوره، ويتجاوز عن معسوره، ولا يرهقه، ولا يخرق به»[(1)].

- **أسلوب التآلف مع الطفل:** وعنه، قال: «**رحم الله عبداً أعان ولده على بره بالإحسان إليه، والتآلف له، وتعليمه وتأديبه»**[(2)].

- **أسلوب الشفقة:** عن الإمام عليّ عليه السلام قال: «**يجب عليك أن تشفق على ولدك أكثر من إشفاقه عليك»**[(3)].

---

(1) الطوسي، الشيخ محمد بن الحسن، تهذيب الأحكام في شرح المقنعة، تحقيق حسن الموسوي الخرسان، طهران، دار الكتب الإسلامية، 1365هـ.ش، ط4، ج8، ص113، ح390. شرح مفردات الحديث: «لا يرهقه»: أي لا يسفه عليه ولا يظلمه، أو يحمل عليه ما لا يطيقه. و«الخُرق» بالضم: الحمق والجهل، أي لا ينسب إليه الحمق.

(2) السيد البروجردي، جامع أحاديث الشيعة، ج21، ص411.

(3) شرح نهج البلاغة، ج20، الحكم المنسوبة إلى أمير المؤمنين عليه السلام، ح152.

المفاهيم الرئيسة

- الحبّ أمر يدركه كلّ إنسان من خلال المعرفة الحضورية، فهو صفة نفسانية يعيشها بوجدانه، فلا نحتاج إلى المنطق لتعريفه، ويمكن التعريف اللفظيّ للحبّ الإنسانيّ، بأنّه الميل القلبيّ والانجذاب العاطفيّ نحو شيء ما، يعود باللذّة والبهجة على المُحِبّ.
- تهدف عملية تربية الطفل بالحبّ إلى تحقيق أغراض عدّة، منها:
- النموّ العاطفيّ السليم للطفل وإشباع حاجاته الوجدانية، بعيداً عن العقد والأمراض النفسية، وتقوية العلاقة والارتباط بين الطفل والمربّي، والمساهمة في النموّ السليم لباقي أبعاد هويّة الطفل.
- الطفل في أصل تكوينه كائن عاطفيّ، لذا فهو في حاجة إلى أن يشعر بحبّ الآخرين له ورضاهم عنه، خاصة أبويه ومعلّميه، فهو في حاجة إلى أن يكون مقبولاً مرغوباً فيه من قبل الوالدين والآخرين.
- إنّ مسألة حبّ الأطفال تعتبر من المسائل التي جبلت عليها النفس الإنسانية والتي ينبغي للإنسان مراعاتها والحفاظ عليها. وقد حثّت النصوص الدينية على حبّ الأطفال وجعلته من أفضل الأعمال.
- إنّ الحبّ أمرٌ ضروريّ وأساس في العملية التربوية، إلّا أنّ المطلوب في حبّ الأطفال هو الوسطية والاعتدال.
- هناك الكثير من أساليب التربية بالحبّ والتي يمكن استفادتها من النصوص الدينية.

الدرس الخامس عشر

التربية الاقتصادية للطفل

أهداف الدرس

على المتعلّم مع نهاية هذا الدرس أن:

1 . يتعرّف إلى التربية الاقتصادية وأهدافها.

2 . يدرك مسؤولية الأب الاقتصادية.

3 . يتعرّف من خلال الروايات إلى حقوق الطفل الاقتصادية.

تمهيد

إنّ العامل الاقتصاديّ في حياة الإنسان له دوره الحيويّ في تطوّر المجتمعات البشرية. ويكفي كمؤشّر على أهمية العامل الاقتصاديّ في حياة الإنسان ما ورد عن رسول الله ﷺ، في قوله: «**اللهمّ بارك لنا في الخبز، ولا تفرِّق بيننا وبينه، فلولا الخبز ما صمنا ولا صلّينا، ولا أدّينا فرائض ربّنا**»[1].

وقد ركّز الإسلام على وجوب تحمّل الأب لمسؤولياته الاقتصادية تجاه الطفل، فإنّ ذلك من جملة حقوقه على وليّه، كما أن له أثراً كبيراً في تشكيل هوية الطفل وبلورتها.

فما هي التربية الاقتصادية؟ وما هي أهدافها، وأساليبها؟

التربية الاقتصادية

هي قيام وليّ الطفل ببذل أقصى الجهد والطاقة في تأمين متطلّبات الطفل الحياتية في مختلف المجالات، وأدائه لدوره في إكساب الطفل مجموعة من المعارف والاتّجاهات، وتعويده على السلوكات وتدريبه على المهارات التي تجعل أنشطته الاقتصادية ومعاملاته مطابقة لمنظومة القيم الدينية والتشريعات الإلهية من جهة، وتمكّنه في المستقبل من استثمار الممتلكات واكتساب الأموال، واستعمالها بطريقة متوازنة، توصله إلى العيش الكريم والتقرّب إلى الربّ الكريم.

(1) البرقي، المحاسن، ج2، ص586.

فالبحث في التربية يدور حول محورين أساسَيْن هما:

الأول: المسؤوليات والإجراءات التي ينبغي للوليّ والمربّي القيام بها تجاه الطفل في المجال الاقتصاديّ.

الثاني: القيم والآداب والتشريعات والمهارات الاقتصادية التي ينبغي أن نربّي الطفل عليها.

أهداف التربية الاقتصادية ووجه الحاجة إليها

تهدف التربية الاقتصادية للطفل إلى تحقيق مجموعة من الغايات التربوية، أهمها:

- عمارة الأرض، وربط التنمية الاقتصادية بعبادة الله تعالى.

يقول تعالى: ﴿ٱعۡبُدُواْ ٱللَّهَ مَا لَكُم مِّنۡ إِلَٰهٍ غَيۡرُهُۥۖ هُوَ أَنشَأَكُم مِّنَ ٱلۡأَرۡضِ وَٱسۡتَعۡمَرَكُمۡ فِيهَا﴾[1].

- انطلاق الأنشطة الاقتصادية من منظومة القيم الدينية، وتطابقها مع أحكام الشريعة الإسلامية.
- التصرّف الرشيد في الموارد المالية والاقتصادية، مقابل السفه الاقتصاديّ والماليّ.

يقول تعالى: ﴿وَلَا تُؤۡتُواْ ٱلسُّفَهَآءَ أَمۡوَٰلَكُمُ ٱلَّتِي جَعَلَ ٱللَّهُ لَكُمۡ قِيَٰمًا وَٱرۡزُقُوهُمۡ فِيهَا وَٱكۡسُوهُمۡ وَقُولُواْ لَهُمۡ قَوۡلًا مَّعۡرُوفًا﴾[2].

المسؤوليات الاقتصادية للوليّ تجاه الطفل

هناك مسؤوليات عدّة يتحمّلها وليّ أمر الطفل في المجال الاقتصاديّ، نذكر أهمّها:

أولاً: النفقة على الطفل

روي عن حريز، عن أبي عبد الله عليه السلام، قال: **«قلت له: من ذا الذي أجبر عليه ويلزمني نفقته؟ فقال عليه السلام: الوالدان والولد والزوجة»**[3].

---

(1) سورة هود، الآية 61.

(2) سورة النساء، الآية 5.

(3) الشيخ الطوسي، تهذيب الأحكام في شرح المقنعة، ج6، ص293.

إنّ أهمّ وأولى حقوق الطفل الاقتصادية التي شدّدت عليها الرؤية الإسلامية هو لزوم نفقة وليّ الأمر على الطفل، والمقصود بها أن يتكفّل الوليّ بتأمين كلّ ما يحتاج إليه الطفل في حياته ويتطلّبه واقعه من سكن وطعام وشراب ولباس وطبابة وتعليم وترفيه وألعاب.. ولم تحدّد الشريعة الإسلامية معياراً معيّناً ثابتاً في المقدار الواجب من النفقة على الطفل، بل جعلت المسألة عرفية من جهة، ووفق ما تقتضيه المراحل العمرية للطفل بالإضافة إلى الظروف والبيئة التي يعيش فيها من جهة ثانية.

ثانياً: التوسعة على العيال

كما أنّه تستحبّ التوسعة على الطفل على قدر الوسع، كما أشارت الروايات الواردة عن أهل البيت عليهم السلام، منها: عن الإمام عليّ بن الحسين عليه السّلام، قال: «**أرضاكم عند اللّه أسبغكم على عياله**»[1].

فقد أكدّ الإسلام على أهمية أن يبذل الوليّ أقصى طاقته في تحصيل المال لأطفاله وفق ما يرضاه الله تعالى، فإذا بذل الإنسان أقصى طاقته ورغم ذلك لم يتمكّن فهو معذور أمام الله تعالى، «ضاق عليه رزقه وكان فقيراً لا يتمكّن من التوسّع في الإنفاق، فلينفق على قدر ما أعطاه الله من المال، أي فلينفق على قدر تمكّنه»[2].

أمّا إذا أوسع الله تعالى عليه وبخل على عياله وضيّق عليهم، فإنّ الله تعالى يجازيه في الدنيا بسلب النعمة عنه.

عن الإمام أبي الحسن موسى بن جعفر عليه السلام، قال: «**إنّ عيال الرجل أسراؤه، فمن أنعم اللّه عليه نعمة، فليوسع على أسرائه [عياله وأطفاله]، فإن لم يفعل أوشك أن تزول تلك النعمة**»[3].

كما أنّه يجب على الأب أن يجعل أطفاله يشعرون باقتداره اقتصادياً، فإنّ هذا الشعور يجعلهم يثقون به، ويشعرون بالراحة والأمان والطمأنينة في ظلّه، كما يُشعِر الأبَ نفسه

(1) الشيخ الكليني، الكافي، ج4، ص11.
(2) العلامة الطباطبائي، الميزان في تفسير القرآن، ج19، ص318.
(3) الشيخ الصدوق، من لا يحضره الفقيه، ج3، ص556.

بالسعادة، عن الإمام الصادق عليه السلام، قال: «**من سعادة المرء أن يكون القيّم على عياله**»[1].

وعليه أن لا يُلجئ أطفاله وعياله إلى غيره، فإن شرّ الآباء من ألجأ عياله إلى غيره.

عن جابر بن عبد الله، قال: قال رسول اللّه صلى الله عليه وآله وسلم: «**ألا أخبركم بخير رجالكم؟ قلنا: بلى يا رسول اللّه. قال: إنّ من خير رجالكم التقيّ النقيّ السمح الكفّين، النقيّ الطرفين، البرّ بوالديه، ولا يلجئ عياله إلى غيره**»[2].

وقد اعتبر الفقهاء أنّ التوسعة على العيال من أعظم الصدقات[3]، وأنّها «**أفضل من الصدقة على غيرهم**»[4]، فلا قيمة لأيّ عطاء للغير حتّى ولو كان صدقة على حساب حاجة الأطفال، وقد أوصى رسولُ الله به أميرَ المؤمنين عليه السلام: «**يا عليّ، لا صدقة وذو رحم محتاج**»[5]. وهذا يدلّ على أنّ الإسلام أعطى الأولوية في التوسعة على العيال وتقديمهم على غيرهم.

ومن المهمّ الالتفات إلى أنّ الممدوح في الرؤية التربوية الإسلامية هو التوسعة التي تتناسب مع الاعتدال في الإنفاق، دون إسرف أو تبذير، بل أن تكون بطريقة متوازنة كما أشار القرآن الكريم في سياق ذكر صفات عباد الرحمن: ﴿وَٱلَّذِينَ إِذَآ أَنفَقُواْ لَمۡ يُسۡرِفُواْ وَلَمۡ يَقۡتُرُواْ وَكَانَ بَيۡنَ ذَٰلِكَ قَوَامٗا﴾[6].

ثالثاً: حسن التدبير

أكدّ الإسلام على حسن التدبير خصوصاً أنّه يؤدّي إلى حفظ النعمة وزيادتها، فحسن التدبير يتمّ من خلال حسن إدارة الموارد المالية بالإنفاق على الحاجات في ضوء ترتيب

(1) الشيخ الصدوق، من لا يحضره الفقيه، ج3، ص168.
(2) الشيخ الكليني، الكافي، ج2، ص57.
(3) الشهيد الأول، الدروس الشرعية في فقه الإمامية، مؤسسة النشر الإسلامي، قم، مؤسسة النشر الإسلامي التابعة لجماعة المدرسين بقم المشرفة، 1417هـ، ط2، ج1، ص255.
(4) الحكيم، محسن، منهاج الصالحين، بيروت، دار التعارف للمطبوعات، 1980م، لا.ط، ج2، ص272.
(5) الشيخ الصدوق، من لا يحضره الفقيه، ج4، ص270.
(6) سورة الفرقان، الآية 67.

الأولويات، فإنّ الإنفاق على قدر ما يملكه الإنسان ليس بخلاً بل هو عين الاقتصاد، وقد أشارت الروايات إلى الإنفاق في ضوء تحديد الأولويات حسب الظروف الزمانية والمكانية وغيرها. منها: عن الإمام الرضا عليه السلام، قال: «**ينبغي للمؤمن أن ينقص من قوت عياله في الشتاء ويزيد في وقودهم**»[1].

ومن مميّزات الرؤية التربوية الإسلامية أنها أخذت أمرين آخرين بعين الاعتبار في البعد الاقتصاديّ لتربية الطفل:

الأول: أن يكون المال الذي ينفق منه على الطفل مالاً طيّباً.

والثاني: أن تكون طبيعة العمل الذي يختاره الأب حلالاً، ويبتعد عن الأعمال المحرّمة.

وقد أشارت الروايات الشريفة إلى الأثر الطيب للرزق الحلال، عن أمير المؤمنين عليّ عليه السلام، قال: «**ضياء القلب، من أكل الحلال**»[2].

وفي المقابل أشارت إلى أنّ أكل المال الحرام يجعل ناتج العملية التربوية متزلزلاً كمن يبني على الرمل، ورد عن رسول الله صلى الله عليه وآله وسلم: «**العبادة مع أكل الحرام كالبناء على الرمل**»[3].

إدارة الشؤون الاقتصادية للطفل

من جملة الحقوق الاقتصادية للطفل أن يتولّى وليّ الأمر الإدارة الأصلح لشؤون الطفل المالية والاقتصادية.

فإنّ الطفل قد يحصل على المال عبر طريق ما، كأن يرث مالاً نتيجة موت أحد أقربائه كالأمّ مثلاً، أو قد يهدى مالاً من قبل شخص ما... إلخ من الحالات، فمن حقوق الطفل على الأب أن يحسن التصرف في إدارة أموال الطفل بنحو تكون فيه مصلحة للطفل أو لا يؤدي إلى إلحاق الضرر والفساد بأمواله.

---

(1) الشيخ الكليني، الكافي، ج4، ص13.

(2) العاملي، محمد بن الحسن الحسيني، المواعظ العددية، تحرير الميرزا علي المشكيني الأردبيلي، قم، الهادي، 1406هـ، ط1، ص58.

(3) ابن فهد الحلّي، عدّة الداعي، ص141.

وفي هذا السياق على الوليّ أن يراعي حقوق الله تعالى في أموال الطفل، بمعنى أن يخرج ما تعلّق بمال الطفل من الزكاة مثلاً، وغيرها من الحقوق المالية التي تتعلّق بذمّة الطفل.

العلاقة بين التربية الاقتصادية والتربية العقائدية

ينبغي للمربّي العمل على ربط التربية الاقتصادية بالتربية العقائدية[1]، فيُشعِر الطفلَ باستمرار أن كلّ ما يملكه من أطعمة وأشربة وألبسة وألعاب وهدايا... هو ملك الله تعالى ومن نعمه عزّ وجلّ، كي يزداد الطفل ارتباطاً عاطفياً بالله تعالى وحبّاً له، وفي الوقت نفسه يجب على الوليّ أن يحذر من إشعار الطفل بأن الفقر هو من الله تعالى، كي لا يقومَ الطفل بتحميل مسؤولية آلامه وحرمانه لله تعالى، فيؤدّي ذلك إلى النفور منه عزّ وجلّ.

ويمكن شرح هذه الفكرة للطفل بأن يقال له مثلاً: إنّك تملك هذه اللعبة، وأنت مسؤول عنها، فإذا أراد طفل آخر أن يلعب بها، ألا تشعر أنّه ينبغي له أن يأخذ الإذن منك؟ وإذا سمحت له باللعب بها، ألا تظنّ أنه ينبغي له أن يلعب بها بالطريقة التي تحبها وترضاها؟ والله تعالى أيضاً خالق هذا الكون ومالكه، فإذا أردنا وأردت أن تتصرف في رزقه وثرواته ينبغي أن يكون ذلك بإذن منه ورضاه سبحانه وتعالى.

تعزيز الارتباط بين القيم الإيمانية والتربية الاقتصادية

ومن جهة ثانية يجب على المربّي تعزيز الوعي لدى الطفل تدريجياً بأنّ الإسلام يحثّ على عمارة الأرض والتنمية الاقتصادية، ويؤكّد على قيم العمل والكدّ وبذل الجهد، ويذمّ الكسل والخمول. ويمكن الاستفادة لتحقيق هذا الهدف من الأساليب التالية:

1. أسلوب التربية بالقصة، بتقديم نماذج من القرآن والحديث والسيرة عن عمل الأنبياء والأئمّة عليهم السلام في الرعي والسقاء والحديد والأعمال التجارية المختلفة... إلخ[2].

(1) يراجع حول هذا الموضوع: السيد الصدر، اقتصادنا، ص296 وما بعد، تحت عنوان: أوجه الارتباط بين الاقتصاد الإسلامي وسائر عناصر الإسلام.

(2) يراجع: الشيخ الكليني، الكافي، ج5، ص74.

2. أسلوب الحفظ والتلقين، بتشجيع الطفل على حفظ بعض الأحاديث والروايات التي يظهر فيها النبيّ وأئمة أهل البيت كيف يربّون الناس على القيم والآداب الاقتصادية[1].

3. أسلوب التربية بالقدوة، حيث يمكن للأب المتديّن أن يستفيد من سعيه وكدّه الشخصيّ نحو تحصيل الرزق، أمام ناظري طفله لتربيته على وعي الربط بين الإيمان والتنمية الاقتصادية.

التربية المالية للطفل

ويقصد بها تكوين نظرة خاصّة عند الطفل إلى طبيعة المال في الحياة، وكيفية التعامل معه، واستثماره وإنفاقه.

ونعرض طبيعة النظرة الإسلامية إلى المال في نقاط عدّة:

1. المال مال الله عزّ وجلّ.
2. التصرّف في المال يحتاج إلى إذن الله تعالى ورضاه.
3. تعزيز النظرة إلى المال على أنّه ليس هدفاً بحدّ ذاته بل هو وسيلة للحياة الطيبة والكريمة، وأنّه ينبغي توظيفه في سعادة الناس ليكون زاد الإنسان إلى السعادة في الدنيا والآخرة.
4. تعزيز النظرة إلى ضرورة الاستثمار الإيجابيّ في المال بعد تحصيله. عن الإمام علي بين الحسين عليه السلام، قال: «**استثمار المال تمام المروّة**»[2].
5. الحفاظ على المال والاهتمام به وعدم تضييعه، سأل رجلٌ الإمامَ الصادق عليه السلام: «**الرجل يكون له مال فيضيّعه فيذهب؟ فقال عليه السلام: احتفظ بمالك فإنه قوام دينك**»[3].

(1) يستفاد من الأحاديث الواردة في هذا الدرس.
(2) الشيخ الكليني، الكافي، ج1، ص20.
(3) الشيخ الطوسي، الأمالي، 679.

6. وضع المال في مواضعه من وجوه الصلاح دون الفساد، عن الإمام عليّ عليه السلام: «**من كان فيكم له مال فإياه والفساد...**»[1].

7. السعي لتكوين مفاهيم اقتصادية سليمة وتصحيح المفاهيم الاقتصادية الخاطئة حول معيار الغنى والفقر، وأن الوضع الماليّ ليس هو معيار التفاضل بين الناس، وإنما الإنسان ينبغي أن يحترم لعلمه وأخلاقه وتقواه وغنى نفسه...

عن أبي ذر رضي الله عنه، قال: «**قال رسول الله صلى الله عليه وآله وسلم: يا أبا ذر، أترى كثرة المال هو الغنى؟ قلت (أبو ذرّ): نعم يا رسول الله. قال صلى الله عليه وآله وسلم: فترى قلة المال هو الفقر؟ قلت: نعم يا رسول الله. قال صلى الله عليه وآله وسلم: إنّما الغنى غنى القلب، والفقر فقر القلب**»[2].

القيم والسلوكيات الاقتصادية التي ينبغي تربية الطفل عليها

هناك سلوكات اقتصادية عدّة ينبغي استحضارها في عملية التربية الاقتصادية للطفل، منها:

أولاً: أن ينفق ضمن احتياجاته الفعلية بتوازن واعتدال: عن الإمام الصادق عليه السلام، أنّه قال: «**المال مال الله، جعله ودائع عند خلقه، وأمرهم أن يأكلوا منه قصداً، ويشربوا منه قصداً، ويلبسوا منه قصداً، وينكحوا منه قصداً، ويركبوا منه قصداً، ويعودوا بما سوى ذلك على فقراء المؤمنين**»[3].

ثانياً: تعويده على أنّ الأوضاع الاقتصادية تضيق وتتّسع: لا ينبغي أن يؤدّي الضيق إلى البخل والتقتير، بل إلى الحرص وحسن التدبير، ولا ينبغي أن تؤدي السعة إلى السرف والتبذير، بل القصد والادّخار.

عن رسول الله صلى الله عليه وآله وسلم، أنّه قال: «**إنّ المؤمن أخذ من الله أدباً، إذا وسّع عليه اقتصد، وإذا أقتر عليه اقتصر**»[4].

(1) الشيخ الكليني، الكافي، ج4، ص32.

(2) ابن حبان، صحيح ابن حبان، تحقيق شعيب الأرنؤوط، لا.م، مؤسسة الرسالة، 1414هـ - 1993م، ط2، ج2، ص461.

(3) السيد البروجردي، جامع أحاديث الشيعة، ج17، ص108.

(4) م.ن، ص106.

وفي هذين السياقين، تأتي أساليب وإجراءات عدّة منها:

1. جعل الطفل يعيش ضمن المستوى العامّ لمعيشة أبناء مجتمعه حتّى لو كان الأب غنيّاً، لأن «ما قلّ وكفى خير مما كثر وألهى»[1] كما روي عن رسول الله ﷺ.

2. تحديد القيمة الشرائية للاحتياجات اليومية للطفل بثمن خاص ومحدّد، وإشعاره أنه ليس كلّ ما يطلبه ينبغي أن يتمّ توفيره وتأمينه.

3. تعويده على ترتيب النفقات والموازنة بينها في ضوء الأولويات والتدرّج من الحاجات الأكثر أهمية إلى الأقلّ.

4. اصطحاب الطفل إلى السوق والمتاجر، وإتاحة الفرصة له للتسوّق وممارسة عملية الشراء بنفسه، تحت رقابتهم وإشرافهم.

5. عدم التحرّج من سلوك الطفل داخل السوق وتصرّفاته بطريقة ملحّة أو تشدّده في الطلب من خلال البكاء والصراخ... ممّا يدفع الأهل إلى شراء ما يرغبه الطفل مع عدم حاجته ذلك.

6. تعويد الطفل على ادّخار المال لوقت الحاجة، واختباره بإعطائه مبلغاً معيناً من المال، فإذا أنفقه بشكل سليم، يكافأ.

ثالثاً: تعويد الطفل على تقدير قيمة الأشياء

من خلال توجيهه إلى كيفية استعمال الموارد بمقدار الحاجة والضرورة، ويمكن القيام ببعض الإجراءات في هذا المجال:

1. تعريف الطفل على أنّ تبذير المال لا يحصل بالطريقة المباشرة فقط، بل له طرق أخرى، كعدم الحفاظ على الأغراض المدرسية.

2. تعويد الطفل على عدم التعامل بتهاون مع الأغراض والأموال في المنزل، كأن يمسح يديه بعد الطعام بأثاث المنزل...

---

[1] الشيخ الصدوق، من لا يحضره الفقيه، ج4، ص376.

3. تدريب الطفل على المحافظة على أغراضه وألعابه وممتلكاته، والاهتمام بها، ورعايتها، وتنظيفها...

رابعاً: تعويد الطفل على احترام أموال الآخرين وممتلكاتهم وحقوقهم الاقتصادية

إنّ احترام الحقوق المالية للآخرين من القيم المهمّة في التربية الاقتصادية، ويمكن اتّباع الخطوات التالية:

1. تعويده على أن حقيقة البخل، تتحقّق بالامتناع عن إعطاء الناس حقوقهم.

2. تجنّب التصرّف في أموال الأطفال الآخرين بدون إذنهم.

3. احترام ممتلكات وأموال المؤسسات العامة كالمدارس والملاعب والحدائق والشوارع و...

4. تعويد الطفل على احترام حق الآخرين في الممتلكات المشتركة بينه وبينهم كأخوته أو عموم أعضاء الأسرة في المنزل، بمودة ومحبة.

5. تعويده مثلاً على ردّ مال صاحب الدكّان إليه إذا أعطاه قيمة زائدة على ما يستحقّه.

خامساً: تعويد الطفل على القيام بالأنشطة الاقتصادية ذات الطابع التكافليّ

1. إشعار قلب الطفل الرقّة والرحمة على الفقراء والمحتاجين والأيتام وأصحاب الإعاقة... من خلال تصوّر نفسه مكانهم.

2. تعويده على إنفاق المال في صلة الرحم والمعروف وحسن الضيافة والصدقة، وعلى القيام بالفرائض العبادية المالية، كالزكاة والخمس.

سادساً: تعويد الطفل على تقدير قيمة العمل الحلال

1. ذمّ الكسل وتبغيضه إلى نفس الطفل، ويمكن تقديم ذلك للأطفال من خلال أسلوب القصص الواقعية عن الحيوانات كالنحل والنمل وغيرهما، وهذا ما يمكن أن يستوحى من رواية عن الإمام الصادق عليه‌السلام، أنّه قال: «أيعجز أحدكم أن يكون مثل النملة، فإنّ النملة تجرّ إلى جحرها»[1].

---

(1) الشيخ الكليني، الكافي، ج5، ص79.

2. إبعاد الطفل عن الألعاب التي فيها روح القمار.

3. اصطحابه أحياناً إلى العمل وتعريفه على أجوائه وطبيعته وظروفه.

4. تعويد الطفل على بعض الأعمال التي تناسب عمره، ولا تتعبه، وتشجيعه (في عمر مناسب) على العمل في أوقات العطلة الصيفية من دون إرهاقه، ليشعر بمعنى التعب والعناء في تأمين الحاجات.

5. إشعاره بخطأ سلوك المتسوّلين في الشوارع دون أن يرافق ذلك شعور بالتكبّر عليهم.

المفاهيم الرئيسة

- إنّ العامل الاقتصاديّ في حياة الإنسان له دوره الحيويّ في تطوّر المجتمعات البشرية. ويكفي كمؤشّر على أهمية العامل الاقتصاديّ في حياة الإنسان ما ورد عن رسول الله ﷺ، في قوله: «**اللهمّ بارك لنا في الخبز، ولا تفرق بيننا وبينه، فلولا الخبز ما صمنا ولا صلّينا، ولا أدّينا فرائض ربنا**».
- البحث في التربية يدور حول محورين أساسَيْن هما:
- **الأول:** المسؤوليات والإجراءات التي ينبغي للوليّ والمربّي القيام بها تجاه الطفل في المجال الاقتصاديّ.
- **الثاني:** القيم والآداب والتشريعات والمهارات الاقتصادية التي ينبغي أن نربّي الطفل عليها.
- إنّ أهمّ وأولى حقوق الطفل الاقتصادية التي شدّدت عليها الرؤية الإسلامية هو لزوم نفقة وليّ الأمر على الطفل، والمقصود بها أن يتكفّل الوليّ بتأمين كلّ ما يحتاج إليه الطفل في حياته ويتطلّبه واقعه من سكن وطعام وشراب ولباس وطبابة وتعليم وترفيه وألعاب..
- أكدّ الإسلام على أهمية أن يسعى الوليّ أن يبذل أقصى طاقته في تحصيل المال لأطفاله وفق ما يرضاه الله تعالى، فإذا بذل الإنسان أقصى طاقته ورغم ذلك لم يتمكّن فهو معذور أمام الله تعالى «ضاق عليه رزقه وكان فقيراً لا يتمكن من التوسّع في الإنفاق، فلينفق على قدر ما أعطاه الله من المال، أي فلينفق على قدر تمكّنه».
- ينبغي للمربّي العمل على ربط التربية الاقتصادية بالتربية العقائدية، فيُشعِر الطفلَ باستمرار أنّ كل ما يملكه من أطعمة وأشربة وألبسة وألعاب وهدايا... هو ملك الله تعالى ومن نعمه عزّ وجلّ، كي يزداد الطفل ارتباطاً عاطفياً بالله تعالى وحبّاً له.
- التأكيد على القيم والسلوكيات الاقتصادية التي ينبغي تربية الطفل عليها.

الدرس السادس عشر

التربية الجهادية

أهداف الدرس

على المتعلّم مع نهاية هذا الدرس أن:

1. يتعرّف إلى أهداف التربية الجهادية.
2. يعرف القيم التربوية الجهادية.
3. يفهم أساليب التربية الجهادية.

تمهيد

يفتح الطفل في مجتمعنا عينيه على مشاهد القتل والتهجير، ويصل إلى مسامعه أنّ أباه أو أخاه أو أحد أقاربه يقاتل العدوّ الصهيونيّ أو الإرهاب التكفيريّ، ويشاهد في مدنه وقراه أجساد الشهداء ترفع على الأكفّ، وأمام هذه المشاهد، لا يمكن أن نربّي الطفل على قيم ومشاعر وسلوكات بعيدة عن الواقع الذي يعيشه في مجتمعه.

فالطفل الذي ينشأ في بيئة مضطربة أمنيًا وغير مستقرة عسكريًا، لا يمكن للأهل عزله عنها وعن مجتمعه وظروفه، فالحكمة تقتضي أن يأخذ الأهل كلّ هذه الأمور بعين الاعتبار في عملية تربية الطفل.

وبهذا يتبيّن، أن التربية الجهادية أمر أساس في بناء شخصية الطفل، لتعزيز ثقافة المقاومة عنده وغرس القيم الإسلامية الخاصّة في هذا المجال، كحبّ الوطن وكراهة العدو، وأن يسعى ليكون عنصراً فعّالاً في حركة الجهاد والمقاومة بما يتلاءم مع قابلياته وقدراته الشخصية، الأمر الذي يساهم في جعل الطفل يتأقلم مع هذا النوع من التحدّيات.

تقديم الجهاد والمقاومة بمستوى استيعاب الطفل

إنّ خصائص الطفل الذهنية والنفسية والوجدانية... تميل به إلى اللهو واللعب والبحث عن البهجة والسرور، لذا ينبغي للمربّي في المرحلة الأولى من حياة الطفل تقديم فكرة الجهاد وثقافة المقاومة بصورة تتناسب مع المرحلة العمرية ووعيه الإدراكي، كالاستفادة من بعض الأمثلة التي تناسب وعيه وإدراكه من جهة، ولا تشعره بالرعب والخوف من جهة ثانية، كأنّ يشبّه له الجهاد بحالتي الصحة والمرض اللتين يواجههما جسم الطفل،

فيبيّن له مثلاً أنّ جسم الإنسان قد يصاب بالزكام بسبب البرد، أو قد يصاب بالإسهال عند تناول بعض الأطعمة أو الأشربة الملوّثة...

وينبغي للطفل في هذا المقام أن يسلك إحدى طريقين لكي يتمكّن من الحفاظ على سلامة جسده:

الأول: الوقاية من كلّ العوامل التي تساهم في تعرّض جسمه للمرض أو الضعف أو العجز، فعليه أن يلبس الثياب التي تشعره بالدفء في فصل الشتاء، وأن لا يخرج من البيت في أيام ارتفاع درجة الحرارة في الصيف...

الثاني: معالجة الجسم من الأمراض، وتحمّل مرارة الدواء والصبر عليه كي يزول الداء ويشفى جسمه ويعود إلى طبيعته.

وهكذا الأمر بالنسبة إلى الوطن فهو كجسم الإنسان يتعرّض للهجوم من قبل الأعداء كالصهاينة والتكفيريين وغيرهم، ويحتاج هذا الوطن إلى أن يدافع أبناؤه عنه وعلاجه من مرض الاعتداء الصهيونيّ والتكفيريّ لكي يحافظ على سلامته. فالمجتمع كالجسد الواحد كما روي عن رسول الله وحفيده الإمام الصادق عليهما السلام: «**المؤمنون في تبارّهم وتراحمهم وتعاطفهم كمثل الجسد إذا اشتكى تداعى له سائره بالسهر والحمى**»[1].

يُجب إفهام الطفل تدريجياً بأنّ قوة المجتمع وعزّته لا يمكن أن تتحقّق إلّا من خلال تقديم التضحيات وتحمّل الصعاب، ومن جهة ثانية فإنّ ترك الجهاد يورث الأمة ذلاّ.

عن أبي عبد الله عليه السلام قال: قال رسول الله صلى الله عليه وآله وسلم: «**... فمن ترك الجهاد ألبسه الله ذلاً في نفسه، وفقراً في معيشته، ومحقاً في دينه، إنّ الله تبارك وتعالى أعزّ أمّتي بسنابك خيلها ومراكز رماحها**»[2].

(1) الكوفي، حسين بن سعيد، المؤمن، قم، مدرسة الإمام المهدي بالحوزة العلمية، 1404هـ، ط1، ص40. والبخاري، صحيح البخاري، ج7، ص78.

(2) الشيخ الصدوق، الأمالي، ص673.

التربية الجهادية بأسلوب اللعب والترفيه

بما أنّ طبيعة الطفل تميل إلى اللعب واللهو ويحتاج إلى الترفيه والتسلية، يمكن استثمار هذا الأمر بطريقة إيجابية، من خلال الخطوات التالية:

1. تشجيع الطفل على الانتساب إلى الجمعيات الكشفية كجمعية كشافة الإمام المهديّ عجّل الله فرجه الشريف، ليتعوّد على الحياة الكشفية التي تزوّده بقيم ومهارات وسلوكات عدّة تجعله يعيش أقرب أنماط الحياة إلى الطابع الجهاديّ.
2. تنظيم رحلات سياحية جهادية للطفل، واصطحابه إلى المعالم الجهادية وتعريفه عليها، كمعلم مليتا السياحيّ مثلاً.
3. تشجيع الطفل على مشاهدة الأعمال التلفزيونية والسينمائية ذات الطابع الجهاديّ، مثل: مسلسل الرسوم المتحرّكة «الطفل والمحتلّ»، الذي تبثّه قناة طه للأطفال.
4. تشجيع الطفل على الحضور والمشاركة في الأعمال المسرحية ذات الطابع الجهاديّ والمقاوم.

وفي هذا السياق، نؤكّد على أهمية استثمار الفنّ من سينما وأفلام كرتونية ومسرح وموسيقى وأناشيد... في تعزيز ثقافة المقاومة عند الأطفال، لأنّ التأثير عبر هذه الوسائل له فعاليّته وبالتالي فإنّه يؤدي إلى نتائج إيجابية في هذا المقام.

5. اصطحاب الطفل إلى الأنشطة والمهرجانات والاحتفالات المتعلّقة بالمقاومة والنصر والتحرير...
6. اصطحاب الطفل إلى رحلات الصيد حيث يعتاد على ثقافة التمويه والرماية..
7. تحفيز الطفل وتدريبه على الرياضات البدنية التي تتضمّن الفنون القتالية وتعويده على الألعاب الحربية.

ونؤكّد في هذا السياق على حاجة أطفالنا إلى تصميم ألعاب إلكترونية تساهم في تعزيز فكرة المقاومة، بدلاً من الألعاب التي يتمّ غزونا ثقافياً من خلالها.

خشية الأهل من الأنشطة الجهادية للطفل

قد يعيش بعض الأهل الخشية من التأثير السلبيّ للأنشطة الجهادية المذكورة على شخصية الطفل، وقد يدفعهم الإفراط بهذا الشعور إلى درجة يحرمون الطفل من المشاركة بهذه الأنشطة ظنّاً منهم بأنّها تجعل الطفل عدائياً، دون أن يدركوا أنّ العدائية لا تنتج من هذه الأنشطة والألعاب بل هي وليدة جملة من العوامل الأسرية والاقتصادية والاجتماعية والسياسية والأمنية... حيث إنّ المجتمع الذي يعيش الطفل فيه من محيط عائليّ واجتماعيّ وتعليميّ.. هو المسؤول عن زرع نزعة العنف في نفسه.

القيم والآداب الجهادية

يجب تدريب الطفل على القيم والملكات والآداب الجهادية، مثل:

1- تنمية ملكة الحرية في شخصية الطفل، وتعويده على الدفاع عن نفسه وماله وعرضه.

2- تعويده على رفض الظلم بكلّ أشكاله، ونصرة المظلوم والدفاع عنه.

3- تدريبه على تحدّي الصعوبات وعدم الخوف من المواجهة.

4- تشجيعه على الانخراط في صفوف التحضيري والتعبئة.

5- تشجيعه على رفض أيّ نوع من أنواع التشبّه بأعداء الله تعالى في اللباس والطعام... إلخ.

ربط الطفل بالمجاهدين والشهداء

من الأساليب المهمة في التربية الجهادية العمل على ربط الطفل عاطفياً ووجدانياً واجتماعياً بالمجاهدين والأسرى والجرحى والشهداء، من خلال اعتماد الأساليب والإجراءات التالية:

1- أن يستشعر الطفل في والديه بشكل مستمرّ حبّ المجاهدين والأسرى والجرحى والشهداء...

2- اصطحاب الطفل إلى منازل المجاهدين أو الجرحى أو الأسرى لزيارتهم والمشاركة في تشييع الشهداء وزيارة قبورهم من حين لآخر.

3- تعويد الطفل الجهاد بالمال، كدعم صناديق هيئة دعم المقاومة الإسلامية، وباللسان، كالدعاء للمجاهدين بالنصر وللجرحى بالشفاء، وللأسرى بالفرج. وتعويده الدعاء على العدوّ بالهزيمة والذلّ...

4- تحفيظه بعض الآيات والروايات التي تبيّن أهمة الجهاد وفضل المجاهدين، وحثّه على قراءة قصص الشهداء ووصاياهم.

الأسلوب القصصيّ الجهاديّ

من الأساليب المهمّة في التربية الجهادية استعمال الأسلوب القصصيّ الذي يروي سيرة المجاهدين والمتناسبة مع عمر الطفل ولغته وخياله.

كما ينبغي إفهام الطفل في المقابل أنّ العدو الصهيونيّ يسعى للاستفادة من الأسلوب الأدبيّ القصصيّ في زرع المفاهيم الخاطئة للطفل الإسرائيليّ، من خلال تقديم الإنسان العربيّ على أنّه محتلّ جاء لغزو أرضهم التي ورثوها عن أجدادهم، ويجب عليهم إبادة العربيّ الذي يهدّد مستقبل إسرائيل.

كما أنّه يجب على المربّي الاستفادة من السيرة الجهادية للنبيّ وأئمّة أهل البيت عليهم السلام، وتقديمها للطفل في قالب قصصيّ يتلاءم مع مرحلته العمرية، وتشجيعه على استخراج العبر والدروس منها، مثل:

1- قصص وعبر من معارك الرسول صلى الله عليه وآله وسلم (أحد، بدر، الأحزاب، خيبر، فتح مكّة...)، ومعارك أمير المؤمنين عليه السلام (الجمل، النهروان، صفّين).

2- تقديم القصص القرآنيّ بصورة تتناسب مع وعي الطفل وإدراكه كقصّة النبيّ داود (طالوت وجالوت)... وغيره من الأنبياء كالنبيّ إبراهيم، وموسى عليهم جميعاً أفضل السلام[1].

(1) عن الإمام جعفر بن محمد، عن أبيه عليه السلام، قال: «أول من قاتل إبراهيم عليه السلام، حيث أسرت الروم لوطاً عليه السلام، فَنَفَرَ إبراهيم، حتى استنقذه من أيديهم». الشيخ الطوسي، تهذيب الأحكام في شرح المقنعة، ج6، ص170.

ربط الطفل بكربلاء الإمام الحسين عليه السلام

من أساليب التربية الجهادية ربط الطفل بثورة الإمام الحسين عليه السلام من خلال النقاط التالية:

1- عرض أحداث كربلاء بأسلوب قصصيّ يهدف إلى ربط الثورة الحسينية بخطّ المقاومة الإسلامية.

2- تشجيع الطفل على المشاركة في الأنشطة العاشورائية المختلفة: مجالس العزاء الحسينيّ للأطفال، ومجالس اللطم، والمسيرات العاشورائية...

3- إفهام الطفل أبرز الشعارات الحسينية، مثل: «هيهات منّا الذّلة»[1]، «لا أعطيكم بيدي إعطاء الذليل ولا أقرّ لكم إقرار العبيد»[2]، وأنّها شعارات باقية حتّى يومنا هذا وعلينا الحفاظ عليها.

تعريف الطفل على العدوّ من خلال معرفته بزمانه

إنّ تعريف الطفل على عدوّه وأهدافه وتاريخه من خلال معرفته بمقتضيات زمانه يجعله على بصيرة من أمره، وقد أكّد النبيّ وأئمّة أهل البيت عليهم السلام على ضرورة التبصّر بمقتضيات الزمان. عن رسول الله صلى الله عليه وآله وسلم: **«على العاقل أن يكون بصيراً بزمانه»**[3].

فمن الأساليب المهمة التي يمكن الاستفادة منها في التربية الجهادية توظيف مادة التاريخ لتعريف الطفل على تاريخ عدوّه، وأهدافه، وأطماعه في مختلف الساحات، سواء العدوّ الصهيونيّ بدءاً من علاقة اليهود بالأنبياء عليهم السلام وقتلهم لهم حتّى عرفوا بـ«قتلة الأنبياء»، أو الإرهاب التكفيريّ، انطلاقاً من معركة النهروان مع الخوارج التي تشكّل انطلاقة لمشروعهم التكفيريّ ضدّ أمير المؤمنين عليه السلام، فضلاً عن إظهار جرائم الأعداء الآخرين (أمريكا- بريطانيا- فرنسا) وما فعلوه بحقّ الأمة المظلومة تحت شعارات مزيفة

(1) الشيخ الطبرسي، الاحتجاج، تعليق وملاحظات السيد محمد باقر الخرسان، النجف الأشرف، دار النعمان للطباعة والنشر، 1386هـ - 1966م، لا.ط، ج2، ص24.

(2) المفيد، محمد بن محمد بن النعمان، الإرشاد، بيروت، مؤسسة الأعلمي للمطبوعات، 1410هـ - 1989م، ط3، ج2، ص98.

(3) الشيخ الصدوق، الخصال، ص525.

المفاهيم الرئيسة

- يفتح الطفل في مجتمعنا عينيه على مشاهد القتل والتهجير، ويصل إلى مسامعه أنّ أباه أو أخاه أو أحد أقاربه يقاتل العدوّ الصهيونيّ أو الإرهاب التكفيريّ، ويشاهد في مدنه وقراه أجساد الشهداء ترفع على الأكفّ، وأمام هذه المشاهد، لا يمكن أن نربّي الطفل على قيم ومشاعر وسلوكات بعيدة عن الواقع الذي يعيشه في مجتمعه.

- إنّ خصائص الطفل الذهنية والنفسية والوجدانية... تميل به إلى اللهو واللعب والبحث عن البهجة والسرور، لذا ينبغي للمربّي في المرحلة الأولى من حياة الطفل تقديم فكرة الجهاد وثقافة المقاومة بصورة تتناسب مع المرحلة العمرية ووعيه الإدراكيّ.

- يجب إفهام الطفل تدريجياً بأنّ قوة المجتمع وعزّته لا يمكن أن تتحقّق إلّا من خلال تقديم التضحيات وتحمّل الصعاب، ومن جهة ثانية فإنّ ترك الجهاد يورث الأمة ذلّاً.

- قد يعيش بعض الأهل الخشية من التأثير السلبيّ للأنشطة الجهادية على الطفل، وقد يدفعهم الإفراط بهذا الشعور إلى درجة يحرمون الطفل من المشاركة بهذه الأنشطة ظنّاً منهم بأنّها تجعل الطفل عدائياً، دون أن يدركوا بأنّ العدائية لا تنتج من هذه الألعاب بل هي وليدة جملة من العوامل الأسرية والاقتصادية والاجتماعية والسياسية والأمنية...

- من الأساليب المهمّة في التربية الجهادية استعمال الأسلوب القصصيّ الذي يروي سيرة المجاهدين والمتناسبة مع عمر الطفل ولغته وخياله. كما ينبغي إفهام الطفل في المقابل أنّ العدوّ الصهيونيّ يسعى للاستفادة من الأسلوب الأدبيّ القصصيّ في زرع المفاهيم الخاطئة للطفل الإسرائيليّ.

- من الأساليب المهمة في التربية الجهادية العمل على ربط الطفل عاطفياً ووجدانياً واجتماعياً... بالمجاهدين والأسرى والجرحى والشهداء.

- من الأمور التي يمكن الاستفادة منها في التربية الجهادية توظيف مادة التاريخ لتعريف الطفل على تاريخ عدوه، وأهدافه، وأطماعه في مختلف الساحات...

الدرس السابع عشر

التربية الجنسيّة للطفل

أهداف الدرس

على المتعلّم مع نهاية هذا الدرس أن:

1 . يعرف المقصود من التربية الجنسية وأهدافها.

2 . يتعرّف إلى أصول التربية الجنسية الإسلامية وفق النصوص الدينية.

3 . يدرك الفرق بين التربية الجنسية الإسلامية والغربية.

تمهيد

تعتبر التربية الجنسية للطفل، من أصعب أنواع التربيات، بسبب الانطباع الخاطئ عن مفهوم الجنس، والتحسّس الشديد من هذا الموضوع، لذا، يعتبر بناء تصوّر صحيح عن الجنس الخطوة الأولى على طريق الجرأة الأدبية في ميدان التربية الجنسية.

وهي لا تختصّ بالتعليم الجنسيّ، بل تشمل قيام وليّ الطفل بالإجراءات التي تكفل حمايته من الإساءة الجنسية، وتمكّنه من الدفاع عن نفسه، وتدريبه على حسن التصرّف مع المواقف الجنسية المختلفة في ضوء القيم الدينية.

فوجود عنصرَي الخوف والقلق من التثقيف الجنسيّ عند بعض الناس يعود بشكل أساس إلى الفهم الخاطىء حول مفهوم التربية الجنسية.

تعريف التربية الجنسية

ذكر علماء التربية تعريفات عدة للتربية الجنسية[1]، أهمها: أنّ التربية الجنسية هي نوع من التنشئة الاجتماعية التي تمدّ الفرد بالمعلومات العلمية، والخبرات الصالحة، والاتّجاهات السليمة إزاء المسائل الجنسية، بقدر ما يسمح به نموّه الجسميّ والفسيولوجيّ والعقليّ والانفعاليّ والاجتماعيّ، وفي إطار التعاليم الدينية، والمعايير الاجتماعية، والقيم الأخلاقية السائدة في المجتمع، ممّا يؤهله للتوافق في المواقف الجنسية ومواجهة مشكلاته

(1) يراجع: سيرل، حاتم، التربية الجنسية في المجتمع، ترجمة ندى جابر حاتم، بيروت، مؤسسة دار الكتاب الحديث، 1994م، لا.ط، والخمّاش، أمية، سيكولوجية التربية الجنسية عند الأطفال، القدس، جمعية الدراسات العربية، 1962م، ط1.

الجنسية في الحاضر والمستقبل، مواجهة واقعية تؤدّي إلى الصحّة النفسية[1].

فالتربية الجنسية لا تقتصر على تعليم الجنس بل تشمل قيام وليّ الطفل بالإجراءات التي تكفل حماية الطفل من التعرّض لأي شكل من أشكال الإساءة الجنسية[2]، وتدريبه على حسن التصرّف مع المواقف الجنسية المختلفة في ضوء القيم الدينيّة. ويجب على وليّ أمر الطفل تعويده على كلّ الأساليب التي تجعله قادراً على حماية نفسه.

وإهمال التربية الجنسية هو عين التربية الجنسية السالبة للطفل، الأمر الذي يؤدّي إلى وقوع الطفل في تربية جنسية خاطئة.

أهداف التربية الجنسية

إنّ للتربية الجنسية أهدافاً عدّة تسعى إلى تحقيقها، أهمّها:

1- حماية الطفل من مختلف أشكال الإساءة الجنسية.

2- حسن تكيّف الطفل مع المواقف الجنسية المتنوعة.

3- الرعاية الصحية للنموّ الجنسيّ السليم.

4- تكوّن وتفتح ملكة العفّة الجنسية.

5- التأدّب بالسلوكات الجنسية الدينية.

التربية الجنسية للطفل في النصوص الدينية

إنّ النقطة الأساس في بدء عملية التربية الجنسية للطفل هي اقتناع المربين أنفسهم بأنّ الطفل يملك إحساساً جنسياً خاصّاً في مرحلة مبكرة من عمره، ولو بشكل ضعيف وغير ظاهر. وهذه الحياة الجنسية الخاصة للطفل تحتاج منذ البداية إلى تربية وإرشاد وتوجيه

---

(1) يراجع: الزعبي، أحمد محمد، سيكولوجية المراهقة النظريات- جوانب النمو- المشكلات وسبل علاجها، عمان- الأردن، دار زهران للنشر والتوزيع، 1431هـ - 2010م، ط1، ص123. وهرمز، صباح حنا، إبراهيم، يوسف حنا، علم النفس التكويني (الطفولة والمراهقة)، جامعة الموصل، دار الكتب للطباعة والنشر، 1988م، لا.ط، ومعدي، الحسيني الحسني، التربية الجنسية للمراهقين والشباب من منظور إسلامي، القاهرة، دار العلم والإيمان للنشر والتوزيع، 2004م، ط1.

(2) Child *sexual abuse*.

ولا تصلح معها سياسة الهروب ودفن الرأس في الرمال[1].

فقد أشارت النصوص الدينية إلى أن بداية التربية الجنسية للطفل تبدأ منذ الأشهر الأولى لولادته، عن عليّ أمير المؤمنين عليه السلام قال: «**نهى رسول الله أن يجامع الرجل امرأته والصبيّ في المهد ينظر إليهما**»[2].

وتشير هذه الرواية وغيرها إلى وجوب تجنّب الوالدين العلاقة الخاصّة أمام الطفل بل تؤكّد على ضرورة تجنّب إظهار أيّ كلام أو أنفاس جنسية تصل إلى أسماع الطفل حتّى لو كان في المهد. وهذا النهي من أبرز مصاديق التربية الجنسية للطفل.

الفرق بين التربية الجنسية الإسلامية والغربية

يشكّل البعد الأخلاقيّ في التربية الجنسية المبكرة للطفل أحد وجوه الاختلاف والتمايز مع التربية الجنسية في ضوء رؤية بعض فلاسفة وعلماء النفس في الغرب الذين يريدون إهمال تربية الطفل على القيم الأخلاقية في الحياة الجنسية، بذريعة أنّ ذلك يضرّ بسلامة نموّه الجنسيّ.

يقول برتراند رسل: «إنّ التربية الأخلاقية المبكّرة تصبح مضرّة بصورة خاصة في ميدان الجنس... لا تعلّموا الولد أيّ آداب جنسية قبل أن يبلغ سنّ الرشد، وتجنّبوا بدقّة أن تسرّبوا إليه فكرة أنّ ثمّة شيئاً كريهاً أو منفراً في وظائف الجسم الطبيعية»[3].

فهم يريدون أن يظهروا التربية الجنسية الدينية بصورة رجعية تفسد المفاهيم الجنسية الصحيحة عند الطفل، ومن جهة ثانية يشجعون الأهل على ترغيب أبنائهم على الأنشطة الجنسية المنحرفة، والابتهاج بها.

---

(1) يراجع: عبلة مرجان، التربية الجنسية للأطفال حق لهم واجب علينا، أبو ظبي- دولة الإمارات العربية المتحدة، مطبوعات جائزة خليفة التربوية، 2010-2011م، لا.ط.

(2) الميرزا النوري، مستدرك الوسائل، ج14، ص228، ح 16568. وفي البحراني، يوسف، الحدائق الناضرة في أحكام العترة الطاهرة، قم، مؤسسة النشر الإسلامي التابعة لجماعة المدرسين بقم المشرفة، لا.ت، لا.ط، ج23، ص136: عن جعفر بن محمد عن آبائه عليهم السلام قال: قال رسول الله صلى الله عليه وآله: «إياكم أن يجامع الرجل امرأته والصبي في المهد ينظر إليهما».

(3) برتراند رسل، غزو السعادة، ص79-80.

يقول لارسن أولرستام: «... على الآباء والأمهات أن يشجّعوا رغبة أبنائهم في الاطّلاع على الشؤون الجنسية، وأن يبتهجوا بنشاطهم الجنسيّ. ويعتبر أنّ الذين يتلقّون تنشئة كهذه يربّون أبناءهم تربية حسنة، ولا يُفسدون مفهوماتهم الجنسية، فينمو الأولاد نمواً طبيعياً، ولا خوف عليهم إلّا من الوقوع بين يدي رجل دين متعصّب»[1].

فبين إفراط هؤلاء وتفريط أولئك ينبغي أن تبصر النور نظرية الاعتدال التي ترى أنّ التربية الجنسية في ضوء المفاهيم والقيم الدينية أمر ضروريّ وحيويّ في بناء هويّة الطفل الصحيّة والقيمية والجسميّة والسلوكيّة...

العفّة الجنسية

ومن أهمّ الأصول العامّة في التربية الجنسية، قيام المربّي بتلقين الطفل المفاهيم والقيم وتعويده على السلوكات التي تساهم في تشكيل ملكة العفّة في داخله بنحو يكون قادراً على أن يعيش حالة الاعتدال والتوازن الذهنيّ والنفسيّ والوجدانيّ والسلوكيّ تجاه المواقف الجنسية التي يواجهها في حياته.

ولذا نلاحظ أنّ النصوص الدينية قد ركّزت على مدح العفة الجنسية والاستعفاف.

يقول تعالى: ﴿وَلْيَسْتَعْفِفِ ٱلَّذِينَ لَا يَجِدُونَ نِكَاحًا حَتَّىٰ يُغْنِيَهُمُ ٱللَّهُ مِن فَضْلِهِۦ﴾[2].

وعن رسول الله ﷺ قال: «**عليكم بالعفاف وترك الفجور**»[3].

فالعفّة الجنسية هي المفهوم التربويّ الجامع لكلّ اللاءات الجنسية المحرّمة والمخالفة للضوابط الأخلاقية والآداب العامة: لا للتلصّص، لا لمشاهدة الأفلام الخلاعية، لا للتعرّي، لا للفحش في الكلام، لا للتحرّش، لا للاستمناء، لا للزنا، لا للسحاق، لا للّواط...

---

(1) أولرستام، لارسن، الشاذون الجنسيون، ص166.

(2) سورة النور، الآية 33.

(3) الشيخ الكليني، الكافي، ج5، ص554.

أساليب التربية الجنسية

هناك أساليب عدّة يجب على المربّي اتّباعها لتحقيق الأهداف المرجوة من التربية الجنسية وفق الرؤية الدينية، أهمّها:

إبعاد الطفل عن العلاقة الخاصّة بين الوالدين:

1- يجب على الوالدين تجنّب الممارسة الجنسية أمام مرأى الأطفال، وعدم اتّخاذ وضعيات حميمة فيها إيحاءات جنسية أمامهم في غرفة الجلوس أو أيّ مكان آخر.

2- عدم السماح للطفل أن يتعوّد على المبيت مع الوالدين في فراشهما إذا تجاوز عمر السنتين.

3- تدريب الأطفال على الاستئذان وطرق الباب كلّما أرادوا الدخول على خلوة الأب والأمّ، أو أيّ فرد آخر من أفراد الأسرة.

في الاستحمام والتنظّف:

1- تعويد الطفل على الدخول بنفسه إلى بيت الخلاء لقضاء حاجته وتنظيف أعضائه، وإغلاق باب الحمام عند دخوله إليه وعدم إبقائه مفتوحاً.

2- تعويد الطفل المميّز على غسل الجمعة كي يعتاد غسل الجنابة لاحقاً.

التفريق بين الأطفال في المضاجع:

ينبغي العمل على الفصل بين الذكور والإناث في فراش النوم منذ الطفولة المبكرة (سنتين)، وبين الذكور والذكور، والإناث والإناث عند بلوغ سنّ التمييز.

عن الرسول الأكرم صلى الله عليه وآله وسلم أنّه قال: «**فرّقوا بين أولادكم في المضاجع إذا بلغوا سبع سنين**».

في الملامسة الجسدية:

1- ينبغي تعريف الطفل على أنّ هناك مناطق حساسّة في جسمه خاصة به، لا يحقّ لأحد الاقتراب منها، وعليه إبداء قمة الانزعاج والرفض حال حصول ذلك.

2- ويجب تجنيب الفتاة خصوصاً المميزة ابتداءً من عمر 6 سنوات كلّ ملامسة

جسدية من أي نوع كان مع الأجنبيّ، كالمصافحة والتقبيل والجلوس في الحضن بحجّة أنه قريب أو ابن عمّها أو صديق أبيها... عن أبي عبد الله عليه السلام، أنّه قال: «**إذا بلغت الجارية الحرّة ستّ سنين فلا ينبغي لك أن تقبّلها**»[1].

3- تجنّب تحسّس الأعضاء الجنسية للأطفال أو مداعبتها، حتّى من باب المزاح أو لإضحاك الطفل. عن الإمام عليّ عليه السلام، قال: «**مباشرة المرأة ابنتها إذا بلغت ستّ سنين شعبة من الزنا**»[2].

وحمل بعض الفقهاء معنى المباشرة على مسّ الفرج[3].

في النظر والمشاهدة:

1- تعويد الطفل على التمييز بين الأعضاء التي لا ينبغي لأحد النظر إليها كأعضائه التناسلية.

2- تجنيب الطفل مشاهدة البرامج التلفزيونية والمسلسلات والأفلام التي تحتوي على مشاهد جنسية.

3- تعويد الطفل على غضّ البصر عن عورات الآخرين.

4- تنمية الرقابة الذاتية لديه، عن طريق تدريبه على تغيير محطات التلفزيون، إذا ظهرت لقطات مخلّة بالآداب، حتّى يتعوّد على ذلك إذا كان وحده.

في الستر واللباس:

1- ستر الوالدين عورتهما عن الطفل خصوصاً في مرحلة التمييز.

2- ارتداء الأمّ أو الأخت مثلاً اللباس الذي يراعي الحشمة، خصوصاً في مرحلة التمييز للطفل الناظر.

3- تعويد الطفل على ارتداء ملابسه الداخلية بنفسه، وعدم التعرّي وخلع ملابسه أمام أحد.

---

(1) الشيخ الكليني، الكافي، ج5، ص533.

(2) الشيخ الصدوق، من لا يحضره الفقيه، ج3، ص436.

(3) المجلسي، محمد تقي، روضة المتقين في شرح من لا يحضره الفقيه، تعليق حسين الموسوي الكرماني، قم، المطبعة العلمية، 1398هـ، لا.ط، ج8، ص344.

4- تعويد الطفل على أن يغلق الباب على نفسه عندما يريد خلع ملابسه أو تغييرها.

5- تنبيه الطفل إلى عدم السماح لأيّ أحد بتجريده من ثيابه...

6- تعليم الطفل من خلال الملاحظة التمييز بين مصاديق المحرم وغير المحرم، كأن يرى والدته تخلع حجابها أمام أخيها أو أبيها أو خالها أو عمّها، وترتديه أمام الجيران وأمام زوج خالته أو عمّته...

في الكلام والحديث:

1- تجنب إسماع الطفل الأنفاس والتأوّهات الجنسية عند اختلاء الزوجين للمعاشرة الزوجية.

2- تجنّب الحديث عمّا يجري بينهما في الحياة الجنسية أمام الأطفال.

3- مراعاة الأدب في الألفاظ والكلمات للتعبير عن الشؤون الجنسية أمام الأطفال.

4- تجنّب رواية النكت والطرائف والقصص المتعلقة بالأمور الجنسية أمام الأطفال.

5- تجنّب إخبار الطفل بالأسماء التي يقبح التصريح بها عرفاً لأعضائه الجنسية.

خصوصيّة التربية الجنسية للطفلة

إنّ التربية الجنسية للطفلة لها خصوصيّة تختلف عن الطفل الذكر، فالأنثى تبلغ السن الشرعية قبل الذكر، وتحتاج إلى توعية جنسية، مثل:

1- تأهيل الفتاة المميّزة وتعريفها على الحيض وأحكامه، وشرحه لها بأسلوب يجعلها مهيّأة لاستقبال العادة الشهرية بدون خوف.

2- تعويد الفتاة المميزة على الستر والحجاب، وفهم الحدود الشرعية ومنها: حرمة المصافحة واللمس للأجنبيّ... عدم إبراز الزينة أمامه أو تليين صوتها عند الحديث معه.

3- الحذر من لعب الطفلة وحدها مع أبناء عمومتها أو أخوالها الذكور.

4- تعويد الطفلة وتعليمها آداب الجلوس الصحيح، بحيث لا تجلس بنحو تباعد بين ساقيها...

5- تفهيمها أهمية ابتعادها عن الفتيات اللاتي يوزّعن أفلاماً جنسية، أو أرقام هواتف للشباب، وبيان أهمية مصاحبه ذوات الأخلاق الحسنة فقط.

6- تنبيهها على تجنّب التحدث مع أيّ فتى أو شابّ يحاول التعرّف عليها.

تربية الفتاة على الحياء

عن أبي عبد الله عليه السلام قال: «**الحياء على عشرة أجزاء، تسعة في النساء، وواحد في الرجال**»[1]. فالحياء أمر وضعه الله تعالى في أصل تكوين الفتاة، ولكنّ هذا لا يلغي أنّ هناك عوامل ذاتية وخارجية تلعب دوراً في إضعاف حضوره، ويقع على عاتق الأم بشكل أساس تعويدها على الآداب والسلوكات التي تنمّي ملكة الحياء في شخصيتها، لأن بقاء عنصر الحياء مرهون بالعفة.

ويجب تنمية حسّ الحياء عند الفتاة ولكن بنحو لا يمنعها من طرح الموضوعات بجرأة أدبية مع أمّها. فإنّ للأمّ الدور الأهمّ في مصادقة ابنتها، وبناء الثقة معها، لتكون مستودع أسرارها بحيث لا تضطرّ الفتاة إلى اللجوء لغير الأم خصوصاً زميلاتها أو أقاربها الذين هم من عمرها أو أنضج قليلاً.

الإجراءات الوقائية للتربية الجنسية

إنّ التربية الجنسية للطفل تحتاج إلى قيام الوالدين ببعض الإجراءات الوقائية التي تحمي الطفل من عمليات الاستغلال الجنسيّ من قبل البالغين، وتحميه من التعرّض لأي اعتداء جنسيّ، وتؤثّر سلبياً على شخصيته.

ومن أهمّ هذه الإجراءات:

أوّلاً: زرع الثقة بين الطفل ووالديه

ينبغي للأهل بناء علاقة قائمة على الثقة مع الطفل، وتخصيص وقت للاستماع إليه بشكل يوميّ وإبداء التفاعل الإيجابيّ معه، وتشجيعه على أن يعبّر بصراحة تامّة عن أيّ

(1) الشيخ الصدوق، الخصال، ص 438.

شيء يحصل معه خصوصاً عند تعرّضه لأيّ إساءة أو تحرش جنسيّ، وأن يحرص الوالدان على عدم التعامل معه بشكل سلبيّ كتهديده وإلقاء اللوم عليه، الأمر الذي يؤدّي إلى عدم مصارحته لهم في المستقبل.

بل يجب إشعاره بالثقة والطمأنينة وأنّهم يفتخرون به ويوجّهونه إلى الدفاع عن نفسه ضدّ المعتدي.

ثانياً: المراقبة الهادفة للعلاقات بين الأطفال داخل الأسرة

يجب على الأهل مراقبة الطريقة التي يلعب فيها الأطفال مع بعضهم بعضاً، فالطفل قد يقوم بدافع الفضول بالإتيان ببعض الألعاب -عن براءة - وقد يقوم ببعض الأفعال والعلاقات المشبوهة التي فيها إيحاءات جنسية دون أن يلتفت إلى مغزاها، كتقبيل أخته في فمها مثلاً، فينبغي أخذ هذه الأمور بعين الاعتبار، فإنّ إهمال هذه الأمور يمكن أن يجرّ الأطفال إلى القيام بنوع من العلاقات الجنسية المشبوهة.

وفي المقابل يجب مراقبة سلوك الآخرين مع الطفل نفسه، فقد يقوم الطفل الأكبر سناً أو الراشد باستغلال الطفل جنسياً من دون أن يشعر أهله بذلك نتيجة ثقتهم. وقد حذرت الروايات من الاسترسال في الثقة، منها: عن الإمام الصادق عليه السلام: «**لا تثقنّ بأخيك كلّ الثقة فإنّ سرعة الاسترسال لا تستقال**»[1].

(1) الشيخ الكليني، الكافي، ج2، ص672.

المفاهيم الرئيسة

- تعتبر التربية الجنسية للطفل، من أصعب أنواع التربيات، بسبب الانطباع الخاطئ عن مفهوم الجنس، والتحسّس الشديد من هذا الموضوع، لذا، يعتبر بناء تصوّر صحيح عن الجنس الخطوة الأولى على طريق الجرأة الأدبية في ميدان التربية الجنسية.
- التربية الجنسية تشمل قيام وليّ الطفل بالإجراءات التي تكفل حماية الطفل من التعرّض لأيّ شكل من أشكال الإساءة الجنسية، ويجب على وليّ أمر الطفل تعويده على كلّ الأساليب التي تجعله قادرا على حماية نفسه، لأنّ إهمال التربية الجنسية هو عين التربية الجنسية السالبة للطفل، الأمر الذي يؤدي إلى وقوع الطفل في تربية جنسية خاطئة.
- أودع الله تعالى في داخل الإنسان منذ الطفولة العديد من الغرائز الفطرية التي تدفعه للسير والسعي لتأمين حاجاته الحيوية، ومن ضمنها الإحساس الجنسيّ، والذي يبدأ بالظهور بشكل تدريجيّ في المرحلة الأولى من حياة الطفل، ومن صوره ميل الطفل مبكراً نحو الجنس الآخر، وما يرافق ذلك من مشاعر الحبّ والغيرة... إلخ.
- أشارت النصوص الدينية إلى أن بداية التربية الجنسية للطفل تبدأ منذ الأشهر الأولى لولادته، عن الإمام جعفر بن محمد، عن أبيه، عن جدّه عليّ بن الحسين، عن أبيه، عن عليّ أمير المؤمنين عليه السلام قال: «نهى رسول الله أن يجامع الرجل امرأته والصبيّ في المهد ينظر إليهما».
- يشكّل البعد الأخلاقيّ في التربية الجنسية المبكّرة للطفل أحد وجوه الاختلاف والتمايز مع التربية الجنسية في ضوء رؤية بعض فلاسفة وعلماء النفس في الغرب الذين يريدون إهمال تربية الطفل على القيم الأخلاقية في الحياة الجنسية، بذريعة أن ذلك يضرّ بسلامة نموّه الجنسيّ.

الدرس الثامن عشر

التربية الاجتماعية

أهداف الدرس

على المتعلّم مع نهاية هذا الدرس أن:

1 . يعرّف التربية الاجتماعية وأهدافها.

2 . يفهم مبادئ التربية الاجتماعية.

3 . يتعرّف إلى دور الأسرة في التربية الاجتماعية.

تمهيد

الإنسان كائن اجتماعيّ بطبعه، ولا يمكنه الاستغناء عن العيش مع الآخرين ونسج علاقات مختلفة معهم، فعن الإمام جعفر الصادق عليه السلام، أنّه قال: «**إنّ أحداً لا يستغني عن الناس حياته، والناس لا بدّ لبعضهم من بعض**»[1].

ويقتضي الحفاظ على الاجتماع البشريّ وجود منظومة من القوانين والقيم بنحو يجعل العيش المشترك بينهم ممكناً. والإسلام هو الدين الصالح لقيادة الحياة الاجتماعية للإنسان بأبعادها كافّة.

تعريف المجتمع

هناك تعريفات عدّة للمجتمع تعرّضت لها كتب علم الاجتماع. ونعرّف بدورنا المجتمع بأنه مجموعة الأفراد الذين يعيشون في حيّز جغرافيّ واحد، ويرتبطون فيما بينهم بعلاقات خاصّة في ضوء قوانين وقيم وأعراف وعادات وتقاليد متّفق عليها، ويشكّلون بتعاونهم وتقاسم الأدوار والوظائف بينهم وحدةً منظَّمة متفاعلة، تمكّنهم من الوصول إلى أهدافهم وإشباع حاجاتهم وتأمين متطلباتهم بدرجة كبيرة.

وتختلف صور المجتمعات بساطة وتعقيداً وسعة وضيقاً، أضف إلى ذلك أنّ هناك المجتمع الافتراضيّ المتمثّل بعالم الإنترنت ووسائل التواصل الاجتماعيّ، والمجتمع الواقعيّ المتمثّل بأشكال متعدّدة كالقرية والمدينة والمدرسة و...، وينشأ الطفل في أحضان البيئة الاجتماعية التي تلعب دوراً في بناء شخصيّته وتشكيل هويّته.

(1) الشيخ الكليني، الكافي، ج2، ص635.

التربية الاجتماعية وأهدافها

التربية الاجتماعية هي عملية انتقال الطفل من حياة فردية إلى حياة اجتماعية وفق النظام الدينيّ الذي ينتمي إليه (الإسلام)، والسعي لإكسابه المفاهيم والقيم الخاصّة في التشريعات الدينية ليتمكنّ أن يتفاعل مع أبناء مجتمعه بطريقة سليمة وهادفة.

وإنّ المجتمعات كافّة تحرص تمام الحرص على التربية الاجتماعية للأفراد وتسعى الجماعات الإنسانية كافة إلى نقل المفاهيم والقيم والأنظمة والعادات والتقاليد وجميع الأطر الثقافية وأنماط العيش وأساليب الحياة من جيل الأجداد والآباء إلى جيل الأحفاد والأبناء، وترسيخها في شخصيتهم، كما تسعى التربية الاجتماعية إلى تحقيق أهداف عدّة في حياة الطفل، أهمّها:

1- تعزيز الميل الفطريّ عند الطفل ليندمج مع أفراد المجتمع ويشعر بهمومهم ويشاركهم في قضاياهم.

2- تعريف الطفل على التراث الاجتماعيّ (المفاهيم، القيم، الآداب، التشريعات، العادات، والتقاليد) للبيئة الاجتماعية التي يعيش فيها وتعويده على الالتزام بالقيم والآداب الاجتماعية الفاضلة.

3- التفاعل الإيجابيّ مع المجتمع والمشاركة الفعّالة في بنائه، وإكسابه فنّ التعامل مع الآخرين أفراداً ومؤسسات.

ومن أجل تحقيق هذه الأهداف هناك أصول وأساليب عدّة لا بدّ من أن يستحضرها المربّي في عمليات التربية الاجتماعية، ومن أهمّ الأصول:

أولاً: التربية على مبدأ الأخوة الإيمانية

يقول تعالى: ﴿إِنَّمَا ٱلْمُؤْمِنُونَ إِخْوَةٌ فَأَصْلِحُوا۟ بَيْنَ أَخَوَيْكُمْ ۚ وَٱتَّقُوا۟ ٱللَّهَ لَعَلَّكُمْ تُرْحَمُونَ﴾[1].

---

(1) سورة الحجرات، الآية 10.

أكّد القرآن الكريم على مبدأ الأخوّة الإيمانية، واصفاً الأخوّة بين المؤمنين بالجسد الواحد، إذا تألّم أحدهم يتألّم الآخر لألمه. وهذه قمّة الإنسانية في التربية الاجتماعية، عن الإمام الصادق ﷺ: **«المؤمن أخو المؤمن كالجسد الواحد، إن اشتكى شيئاً منه وجد ألم ذلك في سائر جسده، وأرواحهما من روح واحدة، وإن روح المؤمن لأشد اتصالاً بروح اللّه من اتصال شعاع الشمس بها»**[1].

ثانياً: التربية على مبدأ التساوي في الإنسانية

يقول تعالى: ﴿يَٰٓأَيُّهَا ٱلنَّاسُ ٱتَّقُواْ رَبَّكُمُ ٱلَّذِى خَلَقَكُم مِّن نَّفۡسٖ وَٰحِدَةٖ﴾[2].

وعليه، ينبغي تربية الطفل على النظر إلى:

أ- أنّ الاختلاف بين البشر سنّة طبيعية، كما أنّه يضفي لوحة جمالية على المجتمع، مجسّدا آيات إلهية، قال تعالى: ﴿وَمِنۡ ءَايَٰتِهِۦ خَلۡقُ ٱلسَّمَٰوَٰتِ وَٱلۡأَرۡضِ وَٱخۡتِلَٰفُ أَلۡسِنَتِكُمۡ وَأَلۡوَٰنِكُمۡۚ إِنَّ فِى ذَٰلِكَ لَأٓيَٰتٖ لِّلۡعَٰلِمِينَ﴾[3].

ب- إنّ معيار التفاضل بين أبناء البشر جعله الإسلام من خلال التقوى، عن جابر بن عبد الله الأنصاريّ رضي الله عنه، قال: **«خطبنا رسول الله ﷺ في أوسط أيام التشريق خطبة الوداع، فقال: يا أيها الناس، إنّ ربكم واحد، وإن أباكم واحد، ألا لا فضل لعربيّ على عجميّ ولا لعجميّ على عربيّ ولا لأحمر على أسود ولا لأسود على أحمر إلّا بالتقوى، إنّ أكرمكم عند الله أتقاكم»**[4].

ثالثاً: التربية على مبدأ التآلف الاجتماعيّ

ومفردة ألف في اللغة العربية تدلّ على انضمام شيء إلى شيء[5]، والألفة من الائتلاف

---

(1) الشيخ الكليني، الكافي، ج2، ص166. يراجع حول معنى هذه الأحاديث درس التربية الجهادية.

(2) سورة النساء، الآية 1.

(3) سورة الروم، الآية 22.

(4) المنذري، عبد العظيم، الترغيب والترهيب من الحديث الشريف، تعليق مصطفى محمد عماره، بيروت، دار الفكر، 1988م، لا.ط، ج3، ص613.

(5) ابن زكريا، معجم مقاييس اللغة، ج1، ص131.

وهو الالتئام والاجتماع، وتألّف القوم: اجتمعوا وتحابّوا. والألفة الأنس والمحبة[1]، والأنس سكون القلب وهو ضدّ الوحشة.

عن رسول الله ﷺ: «**المؤمن ألف مألوف، ولا خير في من لا يألف، وخير الناس أنفعهم للناس**»[2].

فالتآلف الاجتماعيّ من أهمّ الأصول الاجتماعية في حياة الإنسان المسلم، لذا، ينبغي تربية الطفل بنحو يأنس فيه بأبناء المجتمع، فيحبّ لهم ما يحبّه لنفسه ويكره لهم ما يكره لها.

رابعاً: تعويد الطفل على القيم والآداب الاجتماعية العامّة

هناك العديد من القيم والآداب الاجتماعية التي ينبغي تربية الطفل اجتماعياً عليها منها :

أ- تشجيع الطفل على المشاركة في الاحتفالات والأنشطة الاجتماعية العامّة، وتنمية روح التعاون الاجتماعيّ، كالمسارعة إلى حمل الأغراض عن امرأة كبيرة يثقل عليها حملها...

ب- تنمية روح دفع الأذى عن أبناء المجتمع، كما لو وجد قنّينة زجاج في الشارع فقام بتنحيتها جانباً...

ج- تعويد الطفل على الإحساس بالآخرين، والتصدّق من ماله الخاصّ أو أشيائه الخاصّة.

د- تعويد الطفل على احترام الآخرين خصوصاً توقير الكبير، عن أبي عبد الله عليه السلام: «**ليس منّا من لم يوقّر كبيرنا ويرحم صغيرنا**»[3]. وعنه عليه السلام: «**عظّموا كباركم**»[4].

---

(1) الفيومي، أحمد بن محمد، المصباح المنير في غريب الشرح الكبير، بيروت، دار الكتب العلمية، 1398هـ، لا.ط، ج1، ص18.

(2) القضاعي، محمد بن سلامة، مسند الشهاب، بيروت، مؤسسة الرسالة، 1985م، ط1، ج1، ص108.

(3) الشيخ الكليني، الكافي، ج2، ص165.

(4) م.ن.

- تعويد الطفل على آداب اللسان، مثل: حفظ اللسان عن إباحة السرّ والغيبة، وتعويده على طيب الكلام، فعن الإمام الصادق عليه السلام عندما سئل: ما حدّ حسن الخلق؟ قال: «**تلين جناحك، وتطيّب كلامك، وتلقى أخاك ببشر حسن**»[1].

دور الأسرة في التربية الاجتماعية

تعتبر الأسرة أوّل وحدة اجتماعية يفتح الطفل عينيه على العيش في كنفها، وفي أحضانها يكتسب أنماط العلاقات المختلفة مع الآخرين، وأساليب التفاعل الإيجابيّ أو السلبيّ معهم. ووظيفة الأهل بناء الشخصية الاجتماعية للطفل انطلاقاً من العائلة، وذلك من خلال تقديم المجتمع الأسريّ كنموذج مصغّر عن طبيعة القيم والعادات والآداب والسلوكات التي يصطحبها الطفل معه إلى المجتمع.

لذلك أكدّ الإسلام على بناء العلاقة الأسرية الطيبة مع الأولاد، ففي الوقت الذي شدّد فيه على عملية برّ الوالدين، كما ورد في كتاب الله تعالى ﴿وَقَضَىٰ رَبُّكَ أَلَّا تَعْبُدُوٓاْ إِلَّآ إِيَّاهُ وَبِٱلْوَٰلِدَيْنِ إِحْسَٰنًا ۚ إِمَّا يَبْلُغَنَّ عِندَكَ ٱلْكِبَرَ أَحَدُهُمَآ أَوْ كِلَاهُمَا فَلَا تَقُل لَّهُمَآ أُفٍّ وَلَا تَنْهَرْهُمَا وَقُل لَّهُمَا قَوْلًا كَرِيمًا ﴿٢٣﴾ وَٱخْفِضْ لَهُمَا جَنَاحَ ٱلذُّلِّ مِنَ ٱلرَّحْمَةِ وَقُل رَّبِّ ٱرْحَمْهُمَا كَمَا رَبَّيَانِى صَغِيرًا﴾[2]، أكدّ في المقابل على أهمّية قيام الوالدين بإعانة ولدهما على برّهما بأداء وظيفتهما في التربية الحسنة للطفل بأساليبها وقيمها وآدابها الإسلامية كافّة.

آداب التعامل مع الوالدين

جعل الإسلام مجموعة من الأمور والآداب والسلوكات التي تساهم في إعانة الطفل على برّ والديه، أهمّها:

1. **تعويد الطفل على طاعة والديه:**

تعويد الطفل على طاعة إرشادات وتوجيهات والديه وأوامرهما، وأن لا يرضيا منه تكرّر رفض ما يطلبانه.

---

(1) الشيخ الكليني، الكافي، ج2، ص103.

(2) سورة الإسراء، الآيتان 23-24.

عن الإمام عليّ عليه السلام، قال: «**إن للولد على الوالد حقاً، وإن للوالد على الولد حقاً، فحق الوالد على الولد أن يطيعه في كلّ شيء إلا في معصية الله سبحانه...**»[1].

2. تعويد الطفل على شكر والديه:

تعويد الولد على شكر والديه بشكل مستمرّ على كلّ ما يحيطونه به من عناية واهتمام ورعاية...

عن الإمام الصادق عليه السلام: «**يجب للوالدين على الولد ثلاثة أشياء: شكرهما على كلّ حال، وطاعتهما فيما يأمرانه وينهيانه عنه في غير معصية الله، ونصيحتهما في السرّ والعلانية**»[2].

3. تعويد الطفل على خدمة والديه:

تعويد الطفل على المبادرة إلى خدمة والديه بمجرد استشعاره بحاجتهما لأيّ غرض أو خدمة، قبل أن يطلبا ذلك منه، بل حتّى لو لم يطلبا ذلك، كأن يبادر إلى جلب الماء لهما عند استشعاره عطشهما...

عن رسول الله صلى الله عليه وآله وسلم: «**أفضل الكسب كسب الوالدين، وأفضل الخدمة خدمتهما، وأفضل الصدقة عليهما، وأفضل النوم بجنبهما**»[3].

4. تعويد الطفل على آداب الكلام مع الوالدين:

تعويد الطفل على التكلّم بأدب مع والديه، وأن يتكلّم معهما بصوت منخفض، وأن لا يرضى الوالدان منذ الطفولة المبكرة بأن يرفع الطفل صوته فوق صوتهما، أو يصرخ في وجهيهما أو يسبّهما ولو من باب المداعبة والمزاح.

5. تعويد الطفل على آداب لغة البدن مع الوالدين:

- تعويد الطفل على أن لا يمدّ يده على والديه أو يقوم بضربهما ولو من باب المزاح.

---

(1) نهج البلاغة، ص546.

(2) ابن شعبة الحراني، تحف العقول عن آل الرسول، ص322.

(3) الميرزا النوري، مستدرك الوسائل، ج15، ص201.

- تعويد الطفل (في الجانب السلبيّ) على أن لا يعبس في وجه والديه، وأن لا يرضى الوالدان منه النظر إليهما بعين السخط والغضب والمقت. وعن الإمام الصادق عليه السلام: «... **ومن العقوق أن ينظر الرجل إلى والديه فيحدّ النظر إليهما**»[1]. وفي المقابل تعويده على النظر إليهما بمحبّة ورحمة، عن رسول الله صلى الله عليه وآله وسلم: «**نظر الولد إلى والديه حبّاً لهما عبادة**»[2].

6. **تعويد الطفل على آداب المشي والجلوس والطعام مع الوالدين:**

تعويد الطفل على أن لا يجلس قبل والديه، فلا يسبق والديه بالمشي، بل أن يمشي إلى جنبهما إن كان صغيراً خوفاً عليه، أو خلفهما إن كان مميّزاً، وأن لا يبدأ بتناول الطعام قبل والديه، بل ينتظر حضورهما، وعن أبي الحسن موسى عليه السلام، قال: «**سأل رجل رسول الله صلى الله عليه وآله وسلم ما حق الوالد على ولده؟ قال صلى الله عليه وآله وسلم: لا يسمّيه باسمه، ولا يمشي بين يديه، ولا يجلس قبله، ولا يستسبّ له**»[3].

7. **تعويد الطفل على استحضار والديه في عباداته:**

تعويد الطفل على أن يستحضر والديه في أفعاله العبادية، فيهديهم ثواب الصلاة والصوم والصدقة وقراءة القرآن... والدعاء لهما بالخير، كما أدّبنا القرآن في مواضع عدّة على لسان أنبيائه: نوح، إبراهيم، وسليمان عليهم السلام[4].

عن معمر بن خلّاد قال: قلت لأبي الحسن الرضا عليه السلام: «**أدعو للوالدين إذا كانا لا يعرفان الحقّ؟ فقال: ادع لهما وتصدّق عنهما وإن كانا حيّين لا يعرفان الحقّ فدارهما، فإنّ رسول الله صلى الله عليه وآله وسلم قال: إن الله بعثني بالرحمة لا بالعقوق**»[5].

---

(1) الشيخ الكليني، الكافي، ج2، ص349.
(2) ابن شعبة الحراني، تحف العقول، ص46.
(3) الشيخ الكليني، الكافي، ج2، ص158.
(4) سورة إبراهيم، الآيتان 40-41. وسورة نوح، الآية 28. وسورة النمل، الآية 19. وسورة الأحقاف، الآية 15.
(5) الشيخ الكليني، الكافي، ج2، ص159.

8. تعويد الطفل على تجنب إحزان والديه

- تعويد الطفل على أن لا يصدر عنه أي فعل يحزن والديه.

في وصية رسول الله ﷺ لعليّ عليه السلام: **«يا عليّ من أحزن والديه فقد عقّهما»**[1].

- تعويد الطفل على أن لا يفعل ما يؤدّي إلى سبّ الناس لوالديه، وأن لا يسبّ الآخرين حتّى لا يسبّوا والديه[2].

9. تعويد الأطفال على علاقة الاحترام والتراحم بين بعضهم بعضاً في البيت

ومن مصاديق التربية الأسرية الملقاة على عاتق الوالدين تعويد أطفالهما على الآداب العامّة في خطّ علاقة بعضهم ببعضهم الآخر في المنزل، واحترام وتوقير الأخ الأكبر. عن رسول الله ﷺ: **«الأكبر من الأخوة بمنزلة الأب»**[3].

تعويد الأخوة على أن يحدّث بعضهم بعضاً، ويؤانس بعضهم بعضاً، وينصح بعضهم بعضاً، ويستشير بعضهم بعضاً.

10. تعويد الطفل على احترام من له صلة بوالديه

تعويد الطفل على أن يكرم أرحام والديه وأصدقاءهما وضيوفهما الذين يدخلون إلى بيت الأسرة، فقد حفّزت الروايات على إكرام أصدقاء الوالدين وأرحامهما حتّى بعد وفاتهما، فكيف حال حياتهما؟

سأل رجل رسول الله ﷺ: **«يا رسول الله، جئتك أبايعك على الهجرة وتركت أبويّ يبكيان. فقال ارجع إليهما وأضحكهما. وقال آخر: يا رسول الله، هل بقي من البرّ بعد موت الأبوين شيء؟**

قال ﷺ: **«نعم، الصلاة عليهما، والاستغفار لهما، والوفاء بعهدهما، وإكرام صديقهما، وصلة رحمهما»**[4].

---

(1) الشيخ الصدوق، من لا يحضره الفقيه، ج4، ص372.

(2) أنظر: العلامة المجلسي، روضة المتقين في شرح من لا يحضره الفقيه، ج9، ص419.

(3) أحمد بن الحسين البيهقي، شعب الإيمان، بيروت - لبنان، دار الكتب العلمية، 1410هـ - 1990م، ط1، ج6، ص210.

(4) السيد البروجردي، جامع أحاديث الشيعة، ج21، ص426. و السجستاني، سنن أبي دواد، ج2، ص507.

تربية الطفل على صلة الرحم

ينبغي تربية الطفل على بناء علاقة طيّبة مع الأسرة الممتدّة، كجدّه وجدّته وأعمامه وأخواله وأبنائهم... وتنمية الإحساس لديه بأهمّية وضرورة الارتباط العاطفيّ والاجتماعيّ بالأرحام، وتعريف الطفل على جميع أرحامه، وتعليمه وإشعاره بآثار وبركات صلة الرحم من أنّها: تزيد في العمر، وتنفي الفقر، وتنمّي الأموال، وتدفع البلاء، وتعمر الديار، وتطيّب النفس، وتزكّي العمل، وتزيد في الرزق... إلخ، عن الإمام الباقر عليه السلام: «**صلة الأرحام تزكّي الأعمال، وتدفع البلوى، وتنمي الأموال، وتنسئ له في عمره، وتوسّع في رزقه، وتحبّب في أهل بيته، فليتّق الله وليصل رحمه**»[1].

التربية على حسن الجوار

أكّدت الروايات بشدّة على حقّ الجار حتّى عُدَّت حرمة الجار كحرمة الأمّ، عن رسول الله صلى الله عليه وآله وسلم، قال: «**حرمة الجار على الإنسان كحرمة أمّه**»[2]. لذا، ينبغي تربية الطفل على قيم حسن الجوار، مثل:

تعريف الطفل على حقوق الجار، وتعويده على المعاشرة الجميلة له وحسن التعامل معه، وكفّ الأذى عن الجار أو إلحاق الضرر به، والصبر على أذى الجار، عن الإمام الكاظم عليه السلام، قال: «**ليس حسن الجوار كفّ الأذى، ولكن حسن الجوار الصبر على الأذى**»[3].

التربية على الصداقة

من أبرز تجلّيات التربية الاجتماعية تربية الطفل على الصداقة، لأنّها مرحلة مهمّة في حياته، وفي ضوئها تتشكّل مجموعة من التصوّرات والقيم والآداب الاجتماعية، وكيفية التعاون والتفاعل والمشاركة مع الآخرين... إلخ.

---

(1) الشيخ الكليني، الكافي، ج2، ص152.

(2) الشيخ الطبرسي، مكارم الأخلاق، ص126.

(3) ابن شعبة الحراني، تحف العقول، ص406.

عن أمير المؤمنين عليه السلام: «**الصديق أقرب الأقارب**»[1].

ومن حقّ الطفل أن يكون لديه أصدقاء إلاّ أنّه يجب على الأهل أن تكون لديهم رقابة واعية في تحمّل مسؤولية نمط علاقة الطفل بأصدقائه، خصوصاً أنّه لا يملك المعارف والخبرات والمهارات اللازمة لتقويم أصدقائه، لذا ينبغي للوالدين أن يقوما بتربية الطفل على بعض الأساليب والمهارات والقيم والآداب في خطّ علاقته مع الأصدقاء، وهي:

1- (في الجانب الإيجابيّ) تعليم الطفل وتدريبه على حسن اختيار الأصدقاء وكيفية التعامل والتفاعل معهم في ضوء معايير محدّدة وواضحة وضمن لائحة من المواصفات والسمات الحسنة، وسيأتي بيانها.

2- (في الجانب السلبيّ) تعويده وتدريبه على تجنّب أقرناء السوء في ضوء معايير محدّدة أيضاً.

3- الإشراف والرقابة والإرشاد والتوجيه بنحو مستمرّ على اختياره لأصدقائه، خاصّة أن الإسلام اعتبر أنّ الإنسان على دين صديقه، عن رسول الله صلى الله عليه وآله وسلم: «**المرء على دين خليله، فلينظر أحدكم من يخالل**»[2].

ومن المهمّ تعويد الطفل على اختبار الأصدقاء قبل منحهم الثقة، عن الإمام عليّ عليه السلام: «**لا تثق بالصديق قبل الخبرة**»[3].

تربية الطفل على قيم الصداقة

يجب على الوالدين تربية الطفل على قيم الصداقة المستوحاة من النصوص الدينية وتدريبه عليها، أهمها:

1- تعويد الطفل على التعرف على بعض تفاصيل حياة صديقه، كأن يسأله عن اسم أبيه وعشيرته وبلدته ومحلّ إقامته وهواياته... عن أبي عبد الله عليه السلام، قال: قال رسول الله صلى الله عليه وآله وسلم: «**إذا أحبّ أحدكم أخاه المسلم فليسأله عن اسمه واسم أبيه**

(1) الواسطي، عيون الحكم والمواعظ، ص50.

(2) الميرزا النوري، مستدرك الوسائل، ج8، ص327.

(3) الواسطي، عيون الحكم والمواعظ، ص522.

واسم قبيلته وعشيرته، فإنّ من حقّه الواجب وصدق الإخاء أن يسأله عن ذلك وإلّا فإنّها معرفة حمق»[1].

2- تعويده على أنّه إذا استشعر الحبّ في قلبه لأحد أصدقائه أو إخوانه أن يخبره بذلك، عن أبي عبد الله عليه السلام، قال: قال رسول الله صلى الله عليه وآله وسلم: «**إذا أحبّ أحدُكم صاحبَه أو أخاه فليُعلمْه**»[2].

3- تشجيع الطفل على أن يكون سخياً كريم النفس مع الأصدقاء، لما في ذلك من جلب (للمحبة)، عن الإمام علي عليه السلام: «**سبب المحبة السخاء**»[3].

4- تشجيع الطفل على زيارة أصدقائه في حالتي الصحّة والمرض، والوقوف إلى جانب صديقه عند أيّ مصيبة تنزل به، عن الإمام عليّ عليه السلام: «**لا يكون الصديق صديقاً حتّى يحفظ أخاه في ثلاث: في نكبته، وغيبته، ووفاته**»[4].

5- تعويده على العفو عن صديقه عندما يصدر منه خطأ ما بحقّه، وحسن الظنّ به وحمل أفعاله على محامل حسنة. عن الإمام عليّ عليه السلام: «**لا يغلبنّ عليك سوء الظن، فإنّه لا يدع بينك وبين صديق صفحاً**»[5].

6- أن يرشد صديقه إلى معايبه ونقاط ضعفه من دون سخرية أو استهزاء، عن الإمام عليّ عليه السلام: «**إنّما سمّي الصديق صديقاً لأنّه يصدقك في نفسك ومعايبك، فمن فعل ذلك فاستنم إليه فإنّه الصديق**»[6].

7- أن يكون ناصحاً لأصدقائه بنحو يشعرهم بإرادة الخير والصلاح لهم، عن الإمام عليّ عليه السلام: «**ابذل لصديقك نصحك**»[7].

---

(1) الشيخ الكليني، الكافي، ج2، ص671.

(2) البرقي، المحاسن، ج1، ص266.

(3) الواسطي، عيون الحكم والمواعظ، ص282.

(4) نهج البلاغة، ص494.

(5) ابن طاووس، رضي الدين أبي القاسم علي بن موسى بن جعفر بن محمد الحسني الحسيني، كشف المحجة لثمرة المهجة، النجف الأشرف، المطبعة الحيدرية، 1370هـ - 1950م، لا.ط، ص167.

(6) م.ن، ص178.

(7) التميمي الآمدي، تصنيف غرر الحكم ودرر الكلم، ص421.

المفاهيم الرئيسة

- الإنسان كائن اجتماعيّ بطبعه، ولا يمكنه الاستغناء عن العيش مع الآخرين ونسج علاقات مختلفة معهم، فعن الإمام جعفر الصادق عليه السلام، أنّه قال: «**إنّ أحداً لا يستغني عن الناس حياته، والناس لا بدّ لبعضهم من بعض**».
- المجتمع هو مجموعة الأفراد الذين يعيشون في حيّز جغرافيّ واحد، ويرتبطون فيما بينهم بعلاقات خاصة في ضوء قوانين وقيم وأعراف وعادات وتقاليد متّفق عليها، ويشكّلون بتعاونهم وتقاسم الأدوار والوظائف بينهم وحدةً منظّمة متفاعلة، تمكّنهم من الوصول إلى أهدافهم وإشباع حاجاتهم وتأمين متطلّباتهم بدرجة كبيرة.
- التربية الاجتماعية هي عملية انتقال الطفل من حياة فردية إلى حياة اجتماعية وفق النظام الديني الذي ينتمي إليه (الإسلام)، والسعي لإكسابه المفاهيم والقيم الخاصّة في التشريعات الدينية ليتمكنّ أن يتفاعل مع أبناء مجتمعه بطريقة سليمة وهادفة.
- أكدّ القرآن الكريم على مبدأ الأخوّة الإيمانية، واصفاً الأخوّة بين المؤمنين بالجسد الواحد، إذا تألّم أحدهم يتألّم الآخر لألمه وهذه قمّة الإنسانية في التربية الاجتماعية، عن الإمام الصادق عليه السلام: «**المؤمن أخو المؤمن كالجسد الواحد، إن اشتكى شيئاً منه وجد ألم ذلك في سائر جسده، وأرواحهما من روح واحدة، وإن روح المؤمن لأشدّ اتصالاً بروح اللّه من اتّصال شعاع الشمس بها**».
- تعتبر الأسرة أوّل وحدة اجتماعية يفتح الطفل عينيه على العيش في كنفها، وفي أحضانها يكتسب أنماط العلاقات المختلفة مع الآخرين، وأساليب التفاعل الإيجابيّ أو السلبيّ معهم، ووظيفة الأهل بناء الشخصية الاجتماعية للطفل انطلاقاً من العائلة وذلك من خلال تقديم المجتمع الأسريّ كنموذج مصغّر عن طبيعة القيم والعادات والآداب والسلوكات التي يصطحبها الطفل معه إلى المجتمع.
- ينبغي تربية الطفل على بناء علاقة طيّبة مع الأسرة الممتدّة، كجدّه وجدّته وأعمامه

وأخواله وأبنائهم... وتنمية الإحساس لديه بأهمّية وضرورة الارتباط العاطفيّ والاجتماعيّ بالأرحام، وتعريف الطفل على جميع أرحامه، وتعليمه وإشعاره بآثار وبركات صلة الرحم.

- من أبرز تجليات التربية الاجتماعية تربية الطفل على الصداقة، لأنّها مرحلة مهمّة في حياته، وفي ضوئها تتشكل مجموعة من التصورات والقيم والآداب الاجتماعية، وكيفية التعاون والتفاعل والمشاركة مع الآخرين...

الدرس التاسع عشر

التربية العبادية للطفل

أهداف الدرس

على المتعلّم مع نهاية هذا الدرس أن:

1. يفهم معنى التربية العبادية.
2. يذكر المبادئ التربوية العامة للتربية العبادية.
3. يحدّد أساليب التربية العبادية.

تربية الطفل على التفقّه في الدين

إنّ تربية الطفل خصوصاً المميّز من الناحية الفقهية تقتضي تعليمه الأحكام الشرعية الدينيه المتناسبة مع مرحلته العمرية، وتعويده على ما ينبغي إتيانه منها أو تجنيبه ما لا ينبغي خصوصاً الكبائر.

وقد جاء في التفسير المنسوب إلى الإمام الحسن العسكريّ، أنّ الله عزّ وجلّ يقول: «... **واكسوا والديه حلّة لا تقوم لها الدنيا بما فيها... فيقال: هذا بتعليمكما ولدكما القرآن، وبتبصيركما إياه بدين الإسلام، ورياضتكما إياه على حبّ محمد رسول الله، وعليّ وليّ الله، وتفقِهكما إياه بفقههما...**»[1].

وتفقيه الطفل في أحكام الدين بحيث يصبح قادراً على تمييز الحلال من الحرام، وكيفية الطهارة والنجاسة..إلخ، أمر أكّد عليه الإسلام، وقد حذر الرسول الأكرم ﷺ من الآباء الذين يهملون جانب التربية الفقهية لأولادهم، وقد روي عنه ﷺ، «**أنّه نظر إلى بعض الأطفال، فقال: ويل لأطفال آخر الزمان من آبائهم. فقيل: يا رسول الله، من آبائهم المشركين؟ فقال: لا، من آبائهم المؤمنين، لا يعلّمونهم شيئاً من الفرائض، وإذا تعلموا -أولادهم- منعوهم، ورضوا عنهم بعرض يسير من الدنيا، فأنا منهم بريء وهم منّي براء**»[2].

وسنقتصر في هذا الدرس على التربية العبادية، كساحة من ساحات التربية الفقهية.

---

(1) التفسير المنسوب إلى الإمام العسكري، قم المقدسة، تحقيق ونشر مدرسة الإمام المهدي، 1409هـ، ط1، ص450. والعلامة المجلسي، بحار الأنوار، ج7، ص306.

(2) الميرزا النوري، مستدرك الوسائل، ج15، ص164. السيد البروجردي، جامع أحاديث الشيعة، ج21، ص408.

التربية العبادية

إنّ التربية العبادية تستلزم من الأهل تعويد الطفل على الإتيان بالعبادات كما أمرنا الله تعالى، بل إنّ من أهمّ حقوق الطفل على الوالدين إعانته على طاعة الله سبحانه وتعالى والخضوع له.

عن الإمام عليّ بن الحسين زين العابدين عليه السلام، أنّه قال: «**وأما حقّ ولدك فأن تعلم أنّه منك، ومضاف إليك في عاجل الدنيا بخيره وشرّه، وأنّك مسؤول عمّا وليته من حسن الأدب والدلالة على ربّه عزّ وجلّ، والمعونة على طاعته...**»[(1)].

وهنا تطرح أمام المربّي مجموعة أسئلة: أليس عقل الطفل عاجزاً عن فهم معنى العبادة؟ فكيف نأمره بالقيام بها؟ وفي أيّ عمر نبدأ بتعويد الطفل على العبادة؟ وما هي العبادات التي نعوّد الطفل على القيام بها؟

والجواب عن هذه الأسئلة سيتّضح من خلال طرح نقاط عدّة:

استحباب التدرّج في تدريب الطفل على العبادة

إنّ الإنسان بطبيعته ينتقل من حال إلى حال بشكل تدريجيّ. وعملية التغيير لا تحصل بين ليلة وضحاها بل تحتاج إلى وقت وأن تعطى إلى الطفل على دفعات، وبما أنّ التكاليف الإلزامية والعبادات الشرعية كثيرة جدّاً ومتعدّدة، ويلتزم بها الطفل دفعة واحدة في سنّ البلوغ الشرعيّ، فينبغي للأهل تعليم الطفل ذلك قبل سنّ البلوغ، حتّى لا نلزمه بها بشكل فجائيّ دون أيّ تمهيد، الأمر الذي قد يولد عنده نفوراً فيشعر بالغربة والضيق والمشقّة.

فالتدريب المسبق على العبادات يوصل الإنسان إلى الاستئناس بالأمور العبادية مع مرور الوقت. وقد حثّ الإسلام على تمرين الطفل وتدريبه على العبادات كالصلاة والصوم والصدقة والحجّ... كي ينتفع بها عند بلوغه السنّ الشرعية.

(1) الشيخ الصدوق، من لا يحضره الفقيه، ج2، ص622.

عن لقمان الحكيم في وصيّته لابنه، قال: «يا بنيّ، إن تأدّبت صغيراً انتفعت به كبيراً»[1].

فعدم توجّه التكليف الإلزاميّ للطفل لا يلازمه ضرورة عدم تعويده على التكاليف وتمرينه عليها، بل هناك ملازمة عرفية وعقلائية على عكس ذلك.

يقول القاضي النعمان: «الأطفال غير مكلفين، وإنّما أمر الأئمّة عليهم‌السلام بما أمروا به من ذلك أمر تأديب لتجري به العادة وينشأ عليه الصغير ليصل إلى حين افتراضه عليه وقد تدرّب فيه وأنس به واعتاده فيكون ذلك أجدر له أن لا يضيّع شيئاً منه»[2].

لذلك أفتى الفقهاء باستحباب تمرين الطفل على العبادة.

قال الميرزا القمّي: «يستحبّ تمرين الصبيّ والصبيّة على العبادات استحباباً. والمراد به حمله على العبادات قبل البلوغ ليعتاد عليها، ويقوى عليها، حتّى يسهل عليه الأمر بعد البلوغ، ويصلب عليها. وهو مأخوذ من المرانة بمعنى العادة، أو من قولهم: مرنت يده على العمل، إذا صلبت، والأصل الاستحباب ممّا لا إشكال فيه»[3].

أهمّية العبادة قبل سنّ التمييز

إنّ الطفل في مرحلة السبع الثانية تتشكّل عنده ملكة التمييز بين الحسن والقبيح. وقد أجمع الفقهاء انطلاقاً من النصّ الدينيّ على أنّ الطفل لا يعوّد على العبادات إلّا عند دخوله في سنّ التمييز، أي سنّ السابعة، لأنّ الطفل في هذه السنّ يملك استعداداً يجعله قابلاً بالتدريج على فهم معنى وأهداف العبادة والشعور بقيمتها الوجدانية في حياته بنحو يتناسب مع مرحلته العمرية. والتجارب العملية في حياة الأطفال المتديّنين تدلّ على ذلك.

(1) القمي، علي بن إبراهيم، تفسير القمي، تصحيح طيب الموسوي الجزائري، قم، دار الكتاب، 1404هـ، ط3، ج2، ص164.
(2) المغربي، النعمان بن محمد، دعائم الإسلام، ج1، ص194.
(3) القمي، أبو القاسم، غنائم الأيام في مسائل الحلال والحرام، تحقيق عباس تبريزيان، لا.م، مركز النشر التابع لمكتب الإعلام الإسلامي، 1417هـ - 1375ش، ط1، ج5، ص282.

عن الإمام محمد بن عليّ الباقر عليه السلام، أنّه قال: «**يؤمر الصبيان بالصلاة إذا عقلوها وبالصوم إذا أطاقوه. فقيل له: ومتى يكون ذلك؟ فقال: إذا كانوا أبناء ستّ سنين**»[1].

والمقصود بالعقل هنا هو القدرة على التمييز بين الحسن والقبيح كما هو واضح.

يقول العلامة الحلي: «إذا بلغ الطفل سبع سنين، كان على أبيه أن يعلّمه الطهارة والصلاة، ويعلّمه الجماعة وحضورها، ليعتادها، لأن هذا [هذه] السن يحصل فيه [فيها] التمييز من الصبيّ في العبادة...»[2].

تمرين الطفل على العبادات الشرعية

يوجد قولان حول تمرين الطفل على العبادة الشرعية قبل سنّ البلوغ [3]:

1. **القول الأول (العبادة الصورية- التمرينية):** إنّ تدريب الطفل على العبادة أمر مهمّ جدّاً في تعويده على استقبال سنّ التكليف برحابة صدر، كي لا يجد صعوبة عندما يصبح مكلّفا بالتكاليف الشرعية. وهذا التدريب مجرّد عملية تمرينية، بمعنى أنّه لا يكتب للطفل أيّ ثواب على إتيانه بالفعل العباديّ كالصلاة لأنّ الخطاب غير موجّه للطفل بل إلى أولياء الطفل بأمر الطفل بالصلاة والصوم قبل أن يصير بالغاً. وبما أنّ المشرِّع أمر الأولياء بتمرين أطفالهم فيكون الثواب وجزاء التمرين للأهل لأنّه فعل مستحبّ.
2. **القول الثاني (العبادة الحقيقية- الشرعية):** يعتبر أنّه بالإضافة إلى البعد الأوّل تكون عبادة الطفل المميّز شرعية أيضاً بمعنى أنّها تقع منه على وجه الطاعة بنحو يستحقّ الثواب على إتيانه بها[4]، لأنّ الأمر بالأمر بالشيء أمر بذلك الشيء كما ثبت عندهم في علم أصول الفقه، فأمر وليّ الطفل بأمر الطفل بالعبادة هو

(1) المغربي، النعمان بن محمد، دعائم الإسلام، ج1، ص194.

(2) الحلي، الحسن بن يوسف، تذكرة الفقهاء، قم، مؤسسة آل البيت لإحياء التراث، 1414هـ، ط1، ج4، ص335. والعاملي، محمد بن جمال الدين مكي، البيان، قم، مجمع الذخائر الإسلامية، لا.ت، طبعة حجرية، ص153.

(3) يراجع: للتفصيل حول هذه المسألة: البجنوردي، القواعد الفقهية، ج4، ص109 وما بعد.

(4) الحلي، الحسن بن يوسف، تحرير الأحكام، ج1، ص485.

أمر بالعبادة للطفل، فنفس العبادة الصادرة عن الطفل هي متعلّق لأمر الشارع، فالخطاب الإلهيّ يشمل الطفل المميز، غاية الأمر أنّ رفع قلم التكليف أسقط الإلزام عنه، فيكون المرفوع عن الطفل هو قلم الإلزام دون قلم أصل التشريع[1]، فتكون الواجبات في حقّ الطفل مستحبّات، والمحرّمات مكروهات، أي أنّ الأحكام التكليفية في حقّ الطفل ثلاثة: المستحبّ والمكروه والمباح. وعليه: ينوي الطفل بالعبادة الاستحباب ويصحّ منه ويكتب له أجر وثواب الصلاة أو الصوم أو غيرهما.

وقد حثّت النصوص الروائية على تعويد الطفل على عبادة الصلاة والصوم، منها:

عن أبي عبد الله عليه السلام، عن أبيه الباقر عليه السلام، قال: «**إنّا نأمر صبياننا بالصلاة إذا كانوا بني خمس سنين، فمروا صبيانكم بالصلاة إذا كانوا بني سبع سنين. ونحن نأمر صبياننا بالصوم إذا كانوا بني سبع سنين بما أطاقوا من صيام اليوم، إن كان إلى نصف النهار أو أكثر من ذلك أو أقلّ، فإذا غلبهم العطش والغرث**[2] **أفطروا، حتّى يتعوّدوا الصوم ويطيقوه، فمروا صبيانكم إذا كانوا بني تسع سنين بالصوم ما استطاعوا من صيام اليوم، فإذا غلبهم العطش أفطروا**»[3].

وتجدر الإشارة إلى أنّ ذكر الصلاة والصوم من باب المثال وليس الحصر، وينبغي تمرين الطفل وتدريبه على سائر العبادات أيضاً، ومن الشواهد على عدم خصوصية الصلاة والصوم، ما ورد في الروايات من تربية الطفل على التصدّق بنيّة القربة إلى الله تعالى.

عن محمد بن عمر بن يزيد، عن الإمام الرضا عليه السلام، أنّه قال: «**... مُرِ الصبيّ فليتصدّق بيده بالكسرة والقبضة والشيء وإن قلّ، فإنّ كلّ شيء يراد به الله وإن قلّ بعد أن تصدق النية فيه عظيم**»[4].

---

(1) يراجع: الغروي، التنقيح في شرح العروة الوثقى، كتاب الطهارة، ج2، ص153.

(2) الغرث: الجوع.

(3) الشيخ الكليني، الكافي، ج3، ص409.

(4) م.ن، ج4، ص4. وسيأتي سياق الرواية في درس التربية الصحية.

مبادئ التربية العبادية

هناك مبادئ تربوية عامّة عدّة ينبغي مراعاتها في التربية العبادية، يمكن استفادتها من الروايات:

أولاً: مراعاة مبدأ التدرّج في تعويد الطفل على العبادة، فهو ابن سبع سنوات يعوّد على الصلاة، ثم ابن تسع سنوات يعوّد على الصوم، هذا في الطفل الذكر، أمّا الأنثى فلكون سنّ البلوغ عندها هي تسع سنوات فإنّه يصبح واجباً عليها.

ثانياً: مراعاة مبدأ الاستطاعة وعدم تكليف الطفل في هذه المرحلة ما لا يطيق، بل تكليفه بأداء العبادة على قدر وسعه، وقد سئل الإمام الصادق عليه السلام عن صوم الطفل، عن سماعة قال: سألته عن الصبيّ متى يصوم؟ قال الإمام الصادق عليه السلام: «**إذا قوي على الصيام**»[1].

ثالثاً: مراعاة مبدأ الرفق واللطف حتّى لا ينفر الطفل من الدين ويكره العبادة ويبغضها، خصوصاً أنّ طبيعة الطفل تميل نحو اللعب واللهو والدعة والراحة.

عن أبي جعفر عليه السلام، قال: «**قال رسول الله صلى الله عليه وآله وسلم: إنّ هذا الدين متين، فأوغلوا فيه برفق، ولا تكرهوا عبادة الله إلى عباد الله، فتكونوا كالراكب المنبتّ الذي لا سفراً قطع، ولا ظهراً أبقى**»[2].

رابعاً: مراعاة مبدأ عدم التساهل واللامبالاة، وخاصّة في الصلاة فيأمره بتأديتها، أمّا الصوم فهناك هامش للتسامح مع الطفل المتربّي، حيث يمكن أن يصوم إلى نصف النهار مثلاً فقط، كما أنّ تعويد الطفل على الصلاة يبدأ زمانه (7 سنوات) قبل تعويده على الصوم (9 سنوات).

---

(1) الشيخ الكليني، الكافي، ج4، ص125.

(2) م.ن، ج2، ص86.

أساليب التربية على العبادة

هناك أساليب عدّة يمكن أن يعتمدها المربّي في تمرين الطفل وتعويده على العبادة، منها:

أولاً: أسلوب النموذج السلوكيّ، بأن يقوم المربّي بتأدية الأمور العبادية أمام الطفل ليقدّم له قدوة في ذلك، من خلال الصلاة والصوم والدعاء أمام الطفل، وقد استعمل الرسول ﷺ هذا الأسلوب مع الحسين عليه السلام، عن أبي عبد الله عليه السلام، قال: «**إنّ رسول الله ﷺ كان في الصلاة وإلى جانبه الحسين بن علي عليه السلام، فكبر رسول الله ﷺ، فلم يحر الحسين التكبير، ثمّ كبّر رسول الله ﷺ، ولم يحر الحسين التكبير، ولم يزل رسول الله ﷺ يكبّر ويعالج الحسين التكبير، فلم يحر حتّى أكمل سبع تكبيرات، فأحار الحسين عليه السلام التكبير في السابعة، فقال أبو عبد الله عليه السلام: فصارت سُنّة**»[1].

ثانياً: أسلوب التعليم بالمشاركة التفاعلية، بمعنى أن يشارك المربّي الطفل في الأمور العبادية كتعليمه الصلاة والقيام بها معاً..الخ.

ثالثاً: أسلوب التشجيع من خلال الأقران، فيخلق بينهم جواً من التنافس الإيجابيّ. وهذا يمكن أن يحصل من خلال إدخال الطفل إلى بيئة تهتمّ بالعبادات في المدارس أو الجمعيات الكشفية...

رابعاً: اصطحاب الطفل المميّز إلى المسجد للمشاركة في الجماعة أو الدعاء...، حيث يتشجّع على الصلاة أمام الحشد.

خامساً: اعتماد أسلوب الهدية، والترغيب بالثواب الأخرويّ، وما أعدّه الله تعالى له من الثواب.

سادساً: استعمال أسلوب التهديد بالعقاب، فالتربية تحتاج في بعض الأحيان إلى الترهيب كما الترغيب.

(1) الشيخ الطوسي، تهذيب الأحكام في شرح المقنعة، ج2، ص67.

المفاهيم الرئيسة

- إنّ تربية الطفل خصوصاً المميّز من الناحية الفقهية تقتضي تعليمه الأحكام الشرعية الدينية المتناسبة مع مرحلته العمرية، وتعويده على ما ينبغي إتيانه منها أو تجنيبه ما لا ينبغي خصوصاً الكبائر.
- إنّ التربية العبادية تستلزم من الأهل تعويد الطفل على الإتيان بالعبادات كما أمرنا الله تعالى، بل إنّ من أهمّ حقوق الطفل على الوالدين إعانته على طاعة الله سبحانه وتعالى والخضوع له.
- إنّ الإنسان بطبيعته ينتقل من حال إلى حال بشكل تدريجيّ، وعملية التغيير لا تحصل بين ليلة وضحاها بل تحتاج إلى وقت وأن تعطى إلى الطفل على دفعات، وبما أنّ التكاليف الإلزامية والعبادات الشرعية كثيرة جدّاً ومتعدّدة، ويلتزم بها الطفل دفعة واحدة في سنّ البلوغ الشرعيّ، فينبغي على الأهل تعليم الطفل ذلك قبل سنّ البلوغ، حتّى لا نلزمه بها بشكل فجائيّ دون أيّ تمهيد، الأمر الذي قد يولّد عنده نفوراً فيشعر بالغربة والضيق والمشقّة.
- إنّ الطفل في مرحلة السبع الثانية تتشكّل عنده ملكة التمييز بين الحسن والقبيح. وقد أجمع الفقهاء انطلاقاً من النصّ الدينيّ على أنّ الطفل لا يمكن تدريبه على العبادات قبل دخوله سنّ التمييز، بل بعد دخوله في سنّ التمييز.
- إنّ ذكر الصلاة والصوم من باب المثال وليس الحصر، وينبغي تمرين الطفل وتدريبه على سائر العبادات أيضاً، ومن الشواهد على عدم خصوصية الصلاة والصوم، ما ورد في الروايات من تربية الطفل على التصدّق بنية القربة إلى الله تعالى.
- هناك مبادئ تربوية عامة عدة ينبغي مراعاتها في التربية العبادية، يمكن استفادتها من الروايات:

كمراعاة التدرّج، وعدم تكليف الطفل فوق طاقته، والرفق والتسامح..الخ.

- هناك أساليب عدّة يمكن أن يعتمدها المربّي في تمرين الطفل وتعويده على العبادة، منها: النموذج السلوكيّ، والمشاركة التفاعلية، وأسلوب الهدية واستعمال أسلوبي الترغيب والترهيب.

الدرس العشرون

التربية باللعب عند الأطفال

أهداف الدرس

على المتعلّم مع نهاية هذا الدرس أن:

1. يعرّف مفهوم اللعب والتربية باللعب.
2. يدرك إيجابيات وسلبيات الألعاب الإلكترونية.
3. يتعرّف إلى أهم آثار التربية باللعب.

تمهيد

أودع الله تعالى العديد من الميول الفطرية عند الطفل أبرزها الرغبة الشديدة باللعب واللهو، فنجده منذ الصغر يميل إلى تلك الحركات الفطرية من رقص وتمايل وقيام بحركات هزلية، وقد يظنّ البعض أنّ هذه الحركات ليس لها أيّ أهمية بل هي عبارة عن حركات غير هادفة، حيث إنّ اللعب يستخدم بمعنى اللهو والهزل والعبث، وقد استخدم بهذا المعنى في آيات عدّة[1]، كقوله تعالى: ﴿ٱلَّذِينَ ٱتَّخَذُواْ دِينَهُمْ لَهْوًا وَلَعِبًا﴾[2]، وهو ضدّ الجدّ إذ يقال: «لعب فلان، إذا كان فعله غير قاصد به مقصداً صحيحاً»[3].

إلاّ أنّ المسألة تختلف تماماً عند الأطفال في مرحلة السبع الأولى من سنوات عمره، حيث إنّ للعب دوره الأساس في تشكيل هويّة الطفل في مختلف الأبعاد الجسمية والنفسية والذهنية، كما سيتّضح.

اللعب اصطلاحاً

عُرِّف اللعب في الاصطلاحين التربويّ والنفسيّ بتعريفات عدّة منها، أنّه «نشاط موجّه يقوم به الأطفال لتنمية سلوكهم وقدراتهم العقلية والجسمية والوجدانية ويحقّق في نفس الوقت المتعة والتسلية وأسلوب التعلّم وهو استغلال للأنشطة في اكتساب المعرفة وتقريب مبادئ التعلّم للأطفال وتوسيع آفاقهم المعرفية»[4].

---

(1) سورة التوبة، الآية 65. سورة الأنعام، الآية 70. سورة الزخرف، الآية 83. سورة محمد، الآية 36. سورة الدخان، الآية 38. سورة العنكبوت، الآية 64.

(2) سورة الأعراف، الآية 51

(3) الراغب الأصفهاني، المفردات في غريب القرآن، ص450.

(4) الحيلة، محمد محمود، الألعاب التربوية وتطبيقات إنتاجها سيكولوجياً وتعليمياً وعملياً، عمان، دار المسيرة، 2003م، ط2، ص225.

التربية باللعب

إنّ عملية التربية باللعب تستدعي قيام المربّي بتهيئة البيئة الحاضنة للعب الطفل، وتحضير الألعاب المناسبة لمرحلته العمرية، واللعب معه بطريقة هادفة يستثمر فيها غريزته لتعليمه وتأديبه على بعض السلوكيات، وتنطوي التربية باللعب على أربعة أبعاد:

- **الأوّل:** تهيئة البيئة الحاضنة لحرية ممارسة الطفل للأنشطة الممتعة، وتزويده بالأدوات اللازمة للّعب.
- **الثاني:** استثمار أنشطة اللعب في تعليم الطفل بعض المفاهيم والمعطيات، وهو ما يعرف باسم التعلّم باللعب.
- **الثالث:** توظيف اللعب في إكساب الطفل مجموعة من القيم وتدريبه على بعض العادات والآداب الفاضلة.
- **الرابع:** توظيف اللعب في عملية معالجة الطفل من بعض الانفعالات النفسية السلبية والاضطرابات السلوكية كالخوف والعدوانية، وهو ما يعرف باسم العلاج باللعب.

وينبغي للوالدين والمربّين الاستفادة من أسلوب اللعب لترغيب الطفل بالقيام بالسلوكات المرغوب فيها منذ الطفولة المبكرة[1]، مثل: الاستفادة من أسلوب اللعب في إقناعه بتناول الطعام، أو بالعلاج وأخذ الدواء مثلاً، إذا ارتفعت درجة حرارة جسم الطفل وكان لا يرغب في وضع قطعة القماش المليئة بالماء البارد على جبينه، كأن يمكن للأب أو الأمّ أن يقولا له: سنلعب لعبة الطبيب والمريض، ونتبادل الأدوار، فأنت تكون طبيباً وتضع لي قطعة القماش، ثمّ تكون أنت المريض وأضع لك قطعة القماش... إلخ.

وهكذا الأمر في أيّ نشاط آخر يكون لدى الطفل نفور منه، فيلجأ المربّي إلى ترغيبه به ورفع النفور عنه بواسطة اللعب، وخاصّة إذا أدركنا ما للّعب من آثار إيجابية في بناء هويّة الطفل وتشكيل شخصيّته.

(1) يراجع: الببلاوي، فيولا، الأسس النفسية والاجتماعية لبناء المناهج في رياض الأطفال في الوطن العربي، تونس، المنظمة العربية للتربية والثقافة، 1986م، لا.ط، ص128.

آثار اللعب في بناء هوية الطفل

تحدّث علماء النفس والتربية عن آثار عدّة للّعب على بناء شخصيّة الطفل وتشكيل هويته، لا نستطيع أن نسلط الضوء على جميعها، لذا نكتفي بذكر بعض الآثار[1]:

أهم الآثار الجسمية - الحركية

يساهم اللعب في النمو الجسميّ والحركيّ السليم للطفل، لأنّه يحقّق الخصائص التالية:

1- تقوية عضلات الجسم.

2- تعلّم المهارات الحركية كالقفز والتسلّق والركض والتعلّق والزحف...

3- القدرة على التحكّم والسيطرة على أعضاء الجسم وتنسيق حركاته بشكل متوازن.

4- تطور الحركات الإيقاعية، ولغة البدن

أهمّ الآثار الذهنية والعقلية

1- تنمية قوة الملاحظة الحسية، واكتساب المعرفة بخصائص الأشياء وطبيعتها من حيث الألوان والأشكال والأحجام...

2- تنمية الذكاء، والتذكّر والانتباه والتركيز... والقدرة على المقارنة بين الأشياء.

3- تنمية البحث عن حلول للمشكلات التي تواجه الطفل أثناء اللعب، وتنمية المرونة العقلية من خلال مزج الأفكار بطريقة جديدة.

4- تنمية حسّ الابتكار والإبداع، من خلال عمل الطفل على صناعة ألعاب خاصة به وتركيبها...

أهمّ الآثار النفسية والوجدانية

1- الشعور بالمتعة واللذة والبهجة والحيوية، والكفاءة وتقدير الذات.

2- الاعتماد على النفس والثقة بها وإدارة شؤونه بذاته.

3- استثمار وقت فراغه بدون شعور بالملل والضجر والتأفّف.

---

(1) للتفصيل يراجع: العناني، حنان عبد الحميد، اللعب عند الأطفال، عمان، دار الفكر، 2014م، ط9.

4- الاتّزان الانفعاليّ، وتخفيف الانفعال السلبيّ كالتوتّر والاضطراب والقلق.

5- تقبّل الهزيمة والفشل بروح رياضية.

أهمّ الآثار الاجتماعية

1- تنمية مهارات التواصل الاجتماعيّ والتخلّص من العزلة والانطوائية والتفاعل الإيجابيّ مع الأطفال الآخرين.

2- التنظيم والالتزام بالنظام والانضباط بالقواعد.

3- المنافسة والسعي نحو النجاح.

4- تنمية حسّ التملّك، وتعلّم كيفية الحفاظ على أغراضه وأملاكه.

5- توطيد أواصر العلاقة مع الأصدقاء.

أهم الآثار اللغوية

1- تنمية قدرة التعبير عن التصوّرات والمشاعر، والتخلّص من عيوب النطق.

2- تنمية القدرة على تكوين الجمل المفيدة، وعلى الحوار.

3- تعلّم الخطّ والكتابة.

تأمين أدوات اللعب الخاصة بالطفل

يقع على عاتق الوالدين تأمين أدوات اللعب التي يستخدمها أثناء نشاطه الحركيّ، وينبغي لهما الالتفات إلى نقاط عدّة أهمّها:

1- إعطاء اللعبة للطفل بعنوان الهدية وإشعاره بذلك، فإن الهدية تزيد المودّة والحبّ والرابط العاطفيّ بين الأبوين والطفل[1].

2- إشراك الطفل في عملية شراء الألعاب الخاصة به[2].

---

(1) يراجع درس: التربية بالحب.

(2) يراجع درس: التربية الاقتصادية.

3- اختيار الألعاب الجاذبة أي التي تشجّع الطفل وتحفّزه على النشاط والحركة والتي تتوفّر فيها شروط السلامة والأمان.

4- تجنيب الطفل الألعاب التي تتنافى مع القيم الإسلامية، مثل ألعاب القمار.

هل يختصّ اللعب في السنوات السبع الأولى؟

أكّدت روايات النبيّ وأهل البيت صلوات الله عليهم على ضرورة اللعب في المرحلة السبعية الأولى من حياة الطفل، عن أبي عبد اللّه عليه السلام، قال: **«دع ابنك يلعب سبع سنين، ويؤدّب سبع سنين، وألزمه نفسك سبع سنين، فإن أفلح وإلّا فإنّه ممّن لا خير فيه»**[1].

وقد خصّت السبع الأولى باللعب لكونه الغالب على هذه المرحلة، إلاّ أن اللعب لا ينتهي بانتهاء هذه المرحلة، بل يبقى اللعب حاجة للطفل، مع التأكيد على أن مرحلة السبع الثانية هي مرحلة التعلّم المدرسيّ وتمرين الطفل على الأمور العبادية من صلاة وصوم..الخ، فيكون التأديب هو الغالب على هذه المرحلة دون أن يعني ذلك نفي حاجة الطفل إلى اللعب في هذا المقام.

فالنبيّ يوسف عليه السلام، مع أنّه كان في سنّ التاسعة حين ألقاه أخوته في غيابة الجُبّ، يحدّثنا القرآن حكاية على لسان أخوته حينما خاطبوا أباهم: ﴿أَرْسِلْهُ مَعَنَا غَدًا يَرْتَعْ وَيَلْعَبْ﴾[2]، فقام النبيّ يعقوب بإرساله معهم للّعب، كما ذكر هو عليه السلام في نصّ الرسالة التي بعثها لعزيز مصر، فقد جاء فيها - والرواية عن الإمام الباقر عليه السلام -: **«... كان لي ابن سمّيته يوسف، وكان سروري من بين ولدي، وقرّة عيني، وثمرة فؤادي، وإنّ إخوته من غير أمّه سألوني أن أبعثه معهم يرتع ويلعب، فبعثته معهم بكرة...»**[3].

---

(1) الشيخ الصدوق، من لا يحضره الفقيه، ج3، ص492.

(2) سورة يوسف، الآية 12. يرتع: من الرتع وهو بمعنى: الأكل والشرب في الربيع رغداً. الفراهيدي، العين، ج2، ص67. الراء والتاء والعين كلمة واحدة وهي تدل على الاتساع في المأكل. ابن زكريا، معجم مقاييس اللغة، ج2، ص486. ويقال: خرجنا نرتع ونلعب أي ننعم ونلهو. ابن منظور، لسان العرب، ج8، ص112.

(3) العياشي، تفسير العياشي، ج2، ص190.

مسؤوليات الأهل في تأمين البيئة الحاضنة للعب الطفل

يجب على الأهل السعي لتأمين البيئة الحاضنة لحريّة لعب الطفل وممارسة نشاطه الحركيّ، وخاصّة الطفل الذي يعيش في المدينة والذي لا يملك فسحة للّعب كما في القرية حيث المجال متاح بشكل أوسع. فعلى الأهل مع سعة الحال تأمين غرفة خاصّة للعب الطفل ومع ضيق المساحة فبإمكان الوالدين ترتيب غرفة الضيوف أو الجلوس بنحو خاصّ ليلعب الطفل، ثمّ يعاد ترتيبها بنحو آخر أثناء زيارة الضيوف، وينبغي للأهل أن لا يشعروا بالحرج والخجل من عدم ترتيب هذه الغرفة أو تلك، بل عليهم أن يفتخروا بفعلهم هذا أمام الناس، والتوضيح لهم أنّ النموّ السليم لطفلنا وطفلكم هو العنصر الأساس المقدَّم على أيّ اعتبار آخر.

وقد يلجأ بعض الأهل إلى منع أولادهم من اللعب بسبب فرط خوفهم عليهم، فعليهم الالتفات إلى أنّ هذا الأمر يؤدّي إلى إلحاق الضرر النفسيّ بالطفل، ومن المهمّ أخذ الوقاية والحذر. وهو أمر مطلوب وهو غير فرط الخوف، وقد يمنع بعض الأهل الطفل من اللعب خوفاً عليه من اتّساخ جسده وملابسه وخاصّة في القرى ولكنهم يغفلون عن أنّهم بهذه الحالة قد عملوا على كبت مواهبه ومنع قابلياته من التفتّح والازدهار، ومنعه من حقّه في اللعب الأمر الذي ينعكس سلبياً على هويّته وصناعة شخصيّته.

وتجدر الإشارة إلى أنّ إعطاء الطفل هامشاً من حرية الحركة في اللعب لا يعني الغفلة عن نشاطه وحركته، ومراقبة أنواع الألعاب التي يمارسها وما لها من تأثيرات سلبية أو إيجابية على سلوكه. ولكن ينبغي أن تكون هذه المراقبة من دون إشعاره بذلك حتّى لا نقيّد حركته. وبالتالي عليهم أن ينتبهوا أن لا يكون اللعب على حساب إهمال بعض الجوانب الأخرى كالطعام مثلاً، أو أن يتناول طعامه على عجل دون مضغه جيداً على سبيل المثال، أو عدم الاهتمام بساعات النوم الكافية. ومن المهمّ أن يضمّ الأهل الأطفال في حضن البيت عندما يرخي الليل سدوله.

كما يجب أن لا يكون اللعب على حساب إهمال الطفل لفروضه المدرسية. وفي الوقت نفسه ينبغي عدم حرمانه من اللعب بسبب إرهاقه بالدروس، الأمر الذي يؤدّي تدريجياً إلى نفوره من العلم الذي يجده عائقاً بينه وبين ميله الفطريّ إلى اللعب.

أهمية مشاركة الطفل في اللعب

أكدّت الروايات على أهمّية أن يشارك الأهل أولادهم في اللعب، لما لذلك من أثر في إشباع حاجاتهم العاطفية وإشعارهم بالمودة والأنس في علاقتهم بوالديهم، لذلك عدّ اللعب مع الطفل من مظاهر التربيّة بالحبّ، لأنّه «حينما يقوم الكبار بمشاركة الطفل في لعبه وإيهامه به فإنّما يؤكدون له صلاحية ما يقوم به وما ينطوي عليه من معنى»[1].

وعلى الوالدين أن ينزّلوا نفسيهما منزلة الطفل الصغير[2] حين اللعب معه، وأن يلعبا معه بما يتناسب مع مستواه بعيداً عن الهيبة الأبوية، وقد عبرت الروايات عن ذلك بمصطلح «**التصابي**». عن النبيّ الأكرم صلى الله عليه وآله وسلم، أنّه قال: «**من كان عنده صبيّ فليتصابَ له**»[3].

كما إن اللعب مع الطفل له دوره الأساس في إكتشاف شخصيّة الطفل، حيث ترتفع هيبة الأبوة في حالة التصابي مع الطفل، فيتصرّف بعفويّته وعلى طبيعته، وتظهر نقاط ضعفه وقوّته، فيعمد الأهل إلى تقوية الجوانب الإيجابية ومعالجة الاضطرابات والجوانب السلبية.

ملاعبة النبيّ للحسنين عليهما السلام

إنّ الإسلام لا يأمر بأمر دون أن يجسّده النبيّ وأهل بيته عليهم السلام بطريقة عملية، فكان من سيرة النبيّ الأكرم صلى الله عليه وآله وسلم أن يلاعب ابنيه الحسن والحسين عليهما السلام، وذلك إظهاراً لحبّه لهما، وإبرازاً لعظيم فضلهما وكبير منزلتهما في عين الله تعالى أمام الأمّة، عن جابر بن عبد الله الأنصاريّ قال: «دخلت على النبيّ وهو يمشي على أربع، وعلى ظهره الحسن والحسين، وهو يقول: نعم الجمل جملكما، ونعم العدلان أنتما»[4].

---

(1) سيكولوجيا اللعب، ص267.

(2) أنظر: الطريحي، مجمع البحرين، ج1، ص260.

(3) الشيخ الصدوق، من لا يحضره الفقيه، ج3، ص483.

(4) الكوفي، محمد بن سليمان، مناقب الإمام أمير المؤمنين، تحقيق محمد باقر المحمودي، قم المقدسة، مجمع إحياء الثقافة الإسلامية، 1412هـ، ط1، ج2، ص247 وص269. وابن المغازلي، علي بن محمد، مناقب علي بن أبي طالب، لا.م، انتشارات سبط النبي، 1426هـ، ط1، ص304.

وهناك ظاهرة غالباً ما يفعلها الأطفال بشكل متكرّر، وهي أنّهم يركبون ويمتطون ظهور والديهم أثناء تأدية الصلاة، فينبغي للوالدين عدم تعنيف الطفل ودفعه بقوّة عن ظهرهما، بل السماح له بذلك، فإنّه مع مرور الوقت يترك هذه العادة تدريجياً، هكذا كان خلق رسول الله ﷺ مع الحسنين عليهما السلام.

عن أبي سعيد الخدريّ، قال: «جاء حسن إلى رسول الله ﷺ وهو ساجد، فركب على ظهره، فأخذه رسول الله بيده حتّى قام ثمّ ركع فقام على ظهره، فلمّا قام أرسله فذهب»[1].

(1) الهيثمي، علي بن أبي بكر، مجمع الزوائد ومنبع الفوائد، بيروت، دار الكتب العلمية، 1408هـ - 1988م، ج9، ص175.

المفاهيم الرئيسة

- أودع الله تعالى العديد من الميول الفطرية عند الطفل أبرزها الرغبة الشديدة باللعب واللهو، فنجده منذ الصغر يميل إلى تلك الحركات الفطرية من رقص وتمايل والقيام بحركات هزلية. وقد يظنّ بعض الناس أنّ هذه الحركات ليس لها أيّ أهمية بل هي عبارة عن حركات غير هادفة، إلاّ أنّ المسألة تختلف تماماً عند الأطفال في مرحلة السبع الأولى من سنوات عمره، حيث إنّ للعب دوره الأساس في تشكيل هويّة الطفل في مختلف الأبعاد الجسمية والنفسية والذهنية.
- عُرِّف اللعب في الاصطلاحين التربويّ والنفسيّ بتعريفات عدّة منها، أنّه «نشاط موجّه يقوم به الأطفال لتنمية سلوكهم وقدراتهم العقلية والجسمية والوجدانية ويحقِّق في نفس الوقت المتعة والتسلية وأسلوب التعلّم وهو استغلال للأنشطة في اكتساب المعرفة وتقريب مبادئ التعلّم للأطفال وتوسيع آفاقهم المعرفية».
- تحدّث علماء النفس والتربية عن آثار عدّة للّعب على بناء شخصيّة الطفل وتشكيل هويته، كالجسمية، الحركية، والذهنية العقلية والنفسية، والوجدانية ...الخ.
- خصّت السبع الأولى باللعب لكونه الغالب على هذه المرحلة، إلاّ أن اللعب لا ينتهي بانتهاء هذه المرحلة، بل يبقى اللعب حاجة للطفل، مع التأكيد على أنّ مرحلة السبع الثانية هي مرحلة التعلّم المدرسيّ وتمرين الطفل على الأمور العبادية من صلاة وصوم..الخ، فيكون التأديب هو الغالب على هذه المرحلة دون أن يعني ذلك نفي حاجة الطفل إلى اللعب في هذا المقام.
- أكدّت الروايات على أهمية أن يشارك الأهل أولادهم في اللعب، لما لذلك من أثر في إشباع حاجاتهم العاطفية وإشعارهم بالمودة والأنس في علاقتهم بوالديهم، لذلك عدّ اللعب مع الطفل من مظاهر التربيّة بالحبّ لأنّه «حينما يقوم الكبار بمشاركة الطفل في لعبه وإيهامه به فإنّما يؤكّدون له صلاحية ما يقوم به وما ينطوي عليه من معنى».

- كان من سيرة النبيّ الأكرم ﷺ أنه كان يلاعب ابنيه الحسن والحسين عليهما السلام، وذلك إظهاراً لحبّه لهما، وإبرازاً لعظيم فضلهما وكبير منزلتهما في عين الله تعالى أمام الأمّة، عن جابر بن عبد الله الأنصاريّ قال: «دخلت على النبيّ وهو يمشي على أربع، وعلى ظهره الحسن والحسين، وهو يقول: نعم الجمل جملكما، ونعم العدلان أنتما».